100단어
영어회화의
기적

100단어
영어회화의 기적

초판 1쇄 발행 2017년 8월 10일
초판 12쇄 발행 2025년 1월 15일

지은이 정회일
펴낸이 김선식

부사장 김은영
콘텐츠사업2본부장 박현미
책임편집 박현미 **책임마케터** 문서희
콘텐츠사업5팀장 김현아 **콘텐츠사업5팀** 마가림, 남궁은, 최현지, 여소연
마케팅1팀 박태준, 권오권, 오서영, 문서희
미디어홍보본부장 정명찬 **브랜드홍보팀** 오수미, 서가을, 김은지, 이소영, 박장미, 박주현
채널홍보팀 김민정, 정세림, 고나연, 변승주, 홍수경
영상홍보팀 이수인, 염아라, 석찬미, 김혜원, 이지연
편집관리팀 조세현, 김호주, 백설희 **저작권팀** 성민경, 이슬, 윤제희
재무관리팀 하미선, 임혜정, 이슬기, 김주영, 오지수
인사총무팀 강미숙, 이정환, 김혜진, 황종원
제작관리팀 이소현, 김소영, 김진경, 최완규, 이지우
물류관리팀 김형기, 김선진, 주정훈, 양문현, 채원석, 박재연, 이준희, 이민운

펴낸곳 다산북스 **출판등록** 2005년 12월 23일 제313-2005-00277호
주소 경기도 파주시 회동길 490 다산북스 파주사옥
전화 02-704-1724 **팩스** 02-703-2219 **이메일** dasanbooks@dasanbooks.com
홈페이지 www.dasan.group **블로그** blog.naver.com/dasan_books
종이 (주)한솔피엔에스

ISBN 979-11-306-1369-7 (14740)
ISBN 979-11-306-1368-0 (14740) (세트)

· 책값은 뒤표지에 있습니다.
· 파본은 구입하신 서점에서 교환해드립니다.
· 이 책은 저작권법에 의하여 보호를 받는 저작물이므로 무단 전재와 복제를 금합니다.

다산북스(DASANBOOKS)는 독자 여러분의 책에 관한 아이디어와 원고 투고를 기쁜 마음으로 기다리고 있습니다. 책 출간을 원하는 아이디어가 있으신 분은 다산북스 홈페이지 '투고원고'란으로 간단한 개요와 취지, 연락처 등을 보내주세요. 머뭇거리지 말고 문을 두드리세요.

100단어
영어회화의 기적

정회일 지음

머리말

 "학생은 많아요. 그런데 솔직히 학생들 영어가 늘진 않아서 고민이에요. 어떻게 가르치시기에 학생의 영어 실력이 늘어서 강사까지 되었나요? 좀 알려주세요"라는 말을 현직 영어강사, 학원장분들께 들을 때면 참 행복합니다. 영어가 안 돼서 자책하고, 영어 못한다, 비전공, 비연수가 영어 가르친다고 비난받으면서 연구해온 노력이 보상받는 듯해서 좋고요.

 '지하철에서 원서를 읽으면 멋있겠다'라는 생각에 성인이 되어 시작한 영어! 그러나 아무리 유명강사, 베스트셀러에서 소개된 방법으로 책이 찢어질 정도로 해봐도 안 됐습니다. 마침 '무지, 배움'에 눈을 뜨면서 '왜?'라는 질문을 시작하던 때라 더욱 '왜 안 되지?' 생각하기 시작했습니다. 이전에는 해봐도 안 되면 그냥 '아 어려워, 하기 싫어' 했을 텐데 분명한 동기부여가 된 상태에서 '?' 이런 물음표까지 생기니 너무 답답했습니다. 그래서 서점과 도서관에서 수백 권의 영어회화책, 영어학습서를 읽어봤습니다. 유명 강사의 강의들도 경험해봤지만 한 시간 내내 영어강사가 말하지, 학생은 말할 기회도 적고 몇 단어 던지는 게 다였습니다. 이렇게 해선 될 리가 없겠단 생각을 했어요.

 그래서 더욱 한국인들에게 맞는 학습법을 찾아보았고, 구석에 박혀 있는 책들 중에서 단서를 발견하기 시작했습니다. 영어뿐 아니라 시간관리, 자기관리, 메모, 학습법, 꿈 찾기, 심리 등 다양한 분야를 연구하고 사람들을 만나면서 학습법과 티칭법을 연구했습니다. 치마를 보고 'skirt'라고도 말을 못하던 저였지만, 영어를 '잘하려는 시스템'을 만들기 위해 초보 상태에서 무료로 사람들에게 도움을 주면서 다양한 경험을 쌓기 시작했습니다. 수년이 지나자 유료화되고 학생이 한두 명에서 수십 명으로 서서히 넘기 시작하고 비연수 비전공이라고 욕하는 사람들이 줄어들어 나중에는 영어 실력이 늘게 해줘서 고맙다는 진심어린 감사인사와 예상치 못한 선물을 주는 학생도 생겼어요. 이런 순간을 맞이하게 되리라고는 저 역시 예상하지 못했지만, 수년간 인생의 장벽을 가로막고 있던 학생들의 영어 문제를 속 시원히 해결할 수 있도록 도와주고 그에 대한 큰 보람을 얻어 정말 기쁘고 행복했어요.

'그래도 전 의지가 약한데 될까요?' 하는 분들을 위해 '할 수 밖에 없는 시스템!'까지도 잡아놨습니다. 정말 지금까지 훈련해온 수천 명 중에 알려드리는 대로 절대 안 하는 (소리를 절대 안 내고, 자꾸 문법을 다시 외우는) 극소수의 분들을 제외하면 다 영어가 늘었어요. 이렇게까지 설명을 드렸지만 물론 마지막 선택은 독자 여러분의 자유입니다.

1. 수많은 방법들을 조사해서 좋은 점을 모으고 부족한 부분은 새로 만들어 추가해서 학습법, 티칭법을 만들고
2. 그 방법으로 저만 영어 실력이 느는 게 아니라
3. 적용한 수천 명의 학생에게도 효과를 확인했으며
4. 학생 출신 트레이너(강사)에게 훈련받은 왕초보 학생이 또 영어가 늘어 트레이너가 될 정도로 검증이 완료된 방법입니다.

다만 위 설명을 보셨다면 단지 ① 유명하고 재밌는 강사 ② 많이 팔리고 있는 책 ③ 저자 혼자만 효과본 방법(머리말 정도 읽어보면 나옵니다.) 만으로는 검증이 된 방법은 아니라는 사실을 아실 거라 생각합니다. 독자님이 아직 자신의 일상이나 생각을 영어로 편히 말할 수 없으시다면 분명 이 학습법이 도움되실 거예요! Part 1에 소개된 학습법을 읽어보시면 '100개의 단어만으로도 활용법만 익히면 분명 말문이 트일 수 있겠구나?!'라고 느껴지실 거예요. 개인 상황에 맞춰 한 달에서 두 달 안에 50~100시간을 연습하도록 꼭 훈련표에 맞추어 훈련해주세요. 말문이 트여 트레이너에 도전하고 싶은 분은 연락주시고요!

더 많은 한국인들이 '너 아직도 문법 공부해? 단어 몇백 개만 알아도 하고픈 말 다 할 수 있어!' 하는 날까지 계속 노력하겠습니다. 전될 때까지 하는 사람이니까요! 말이 트여서 신나신 분들은 출판사로 선물을 보내주세요. ☺

훈련의 목적

여러분이 영어를 유창하게 하고 싶은 단계는 어느 정도인가요?

> **1단계 : 말문만 트고 싶다?!**
>
> - 나는 내가 하고 싶은 말 정도만 영어로 할 수 있으면 좋겠다.
> - 천천히 말해주는 외국인하고만 영어로 대화하는 정도를 원한다.
> - 영어 습득을 위해 하루 1시간 이상씩 2~3년 이상 노력할 정도는 원하지 않는다.

이 책의 방식대로 실천하면 말문이 트이고 자기 생각을 영어로 말할 수 있게 됩니다. 10년 넘게 영어 공부를 해도 안 되던 많은 분들이, 이 방법으로 영어가 늘기 시작한 후 '이거 진짜 좋다! 계속 이것만 해야지' 하고 착각에 빠질 수 있어요. 하지만 영어가 되기 시작한 이유를 살펴보면 기본적으로 알고 있는 기초 영단어들이 어느 정도 있기에 그걸 활용해서 일단 말문이 트인 거예요. 그다음에 자꾸 문장을 변형해서 말해보고, 한국어를 영어로 통역해보면 영어 말하기가 느는 건 당연한 일이죠.

2단계 : 간단한 원서는 읽고, 그에 대해 말하고 싶다?!

- 간단한 일상 회화가 아닌, 좀 더 복잡한 주제에 대해 영어로 말하고 싶다.
- 관심 있는 분야의 원서 정도는 읽고 싶다.

다만 영어 소리에 연습이 안 되어 있다는 맹점이 있어요. 물론 본인의 필요 상황에 따라 다르지만, 이걸 놓치고 계속 말하기만 연습하는 상황에 빠지지 않도록 주의해야 합니다. 위의 말처럼 내가 하고 싶은 말 정도는 영어로 자유롭게 하는 정도가 되었다면 계속 이 방식대로 연습하거나 말문이 트인 후 연습을 종료하면 됩니다.

원서 읽기를 통해 말하고 문장을 늘려가는 연습을 하시길 권합니다.

3단계 : 원어민처럼 유창하게?!

- 자막 없이 외화를 보고, 어떤 외국인하고도 자유롭게 대화를 나누고 싶다.
  (물론 자유롭게 대화하는 수준은 단순히 영어 유창성이 아닌, 콘텐츠도 중요합니다.)

더 나아가 영어 실력을 쌓고 싶으신가요?

말문이 트이고 난 뒤에 영어 소리 훈련을 병행해야 합니다. 그리

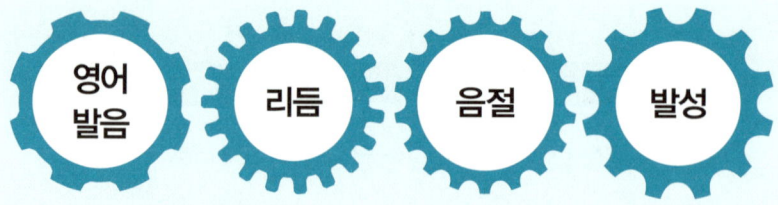

고 위의 네 가지를 꼭 연습해야 해요.

분명 '말문 트는 정도'만을 원하는 수요층도 많이 있습니다. 그리고 그것을 선택하는 게 맞을 분들도 많고요. 영어 소리를 훈련하는 건 쉽지 않고 많은 시간(500~2,000시간 이상)을 투자해야 합니다. 소리에 아주 둔하거나, 이걸 하면서 너무 스트레스를 받을 거 같으면 (그 대신 다른 재능을 더 살리면 되니까요!) 손대지 않는 것도 좋은 방법이죠. 본인의 상황에 맞게 현명하게 판단하면 좋겠습니다.

1. 내가 지금 영어를 하려고 하는 이유는?

2. 영어를 못해서 불편하고 안 좋았던 경험이 있었다면?
(잊지 말고 꼭 영어를 해내게끔 결심용!)

3. 내가 영어를 잘하게 되면 어떻게 될까?
(원하고 기대하는 모습을 자유로이 적어보세요.)

학습계획표

학습에 참고할 수 있도록 《말문 트기 4주 완성 학습계획표》를 짰습니다. 이 학습계획표를 토대로 자신만의 학습 시간과 학습 수준에 맞는 계획을 세워 효과적인 학습 방법을 찾기 바랍니다.

본문 학습 진도

	월	화	수	목	금	토	일
1주차	DAY 1	DAY 2	DAY 3	DAY 4	DAY 5	복습	휴식
2주차	DAY 6	DAY 7	DAY 8	DAY 9	DAY 10	복습	휴식
3주차	DAY 11	DAY 12	DAY 13	DAY 14	말문 트기 D-DAY	복습	휴식
4주차	DAY 1-3	DAY 4-6	DAY 7-9	DAY 10-12	DAY 13-14	복습	휴식

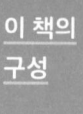

이 책의 구성

워밍업

본격적인 말문 트기 훈련을 시작하기 전에 꼭 알고 넘어가야 할 내용을 미리 확인하세요.

말문 트기 훈련 코스

오늘 훈련할 내용을 간략하게 미리 확인하세요.

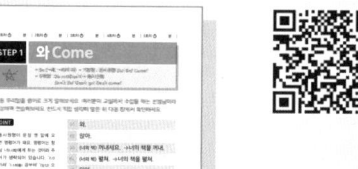

STEP마다 들어가는 한국어와 영어 예문의 MP3 파일이 필요한 독자분들은 다산북스 홈페이지에서 다운받을 수 있습니다. 왼쪽의 QR코드를 통해 들어간 페이지에서 가장 하단에 '관련자료' 메뉴에서 '100단어'를 눌러서 다운받으세요.

STEP 1 한국어 예문

한국어 예문을 보고 스스로 영어 문장을 만들어 소리내어 크게 말해보세요.

STEP 1 영어 문장

스스로 말해본 영어 문장이 실제로 어떻게 쓰이는지 친절한 설명과 함께 확인한 후 반복 연습해보세요.

STEP 2 ~ 4

STEP 1 에서 연습한 내용의 심화 연습 예문이 실려 있습니다. STEP 1 을 연습한 뒤, 본인의 진도에 맞게 학습하세요.

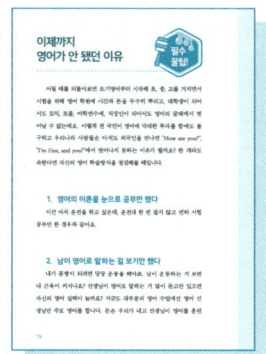

필수 꿀팁!

DAY마다 말문 트기 훈련에 도움이 되는 경험담, 당부, 조언을 들으며 학습 각오를 새롭게 다져보세요.

활용법

　이 책은 저를 포함해 왕초보로서 성인이 되어 영어를 시작해서, 영어 고수가 된 수천 명에게 적용하고 같은 결과를 얻어낸 검증된 방법입니다. 당연히 저자에게 직접 트레이닝을 받으시면 좋지만, 장소와 시간의 한계가 있어서 이렇게 책이라는 도구를 통해 편지의 형식으로 만나 뵙게 되었어요. 원하는 결과를 얻기 위해 아래 사항을 꼭 유념해 주세요!

1. 제가 직접 당신 한 사람을 위해 이 책을 썼다는 사실을 생각하세요.
2. 학습법, 노하우 등은 한번 쓱 보기만 하지 말고 내용이 체화될 때까지 최소 5번 이상 반복해서 읽으세요.
3. 읽으면서 각 방법이나 노하우를 실제 본인에게 어떻게 적용할지 생각하고, 메모하고, 실천하세요. 스스로 조금만 더 생각하고 책에 소개될 〈수진이 계획법〉을 적용하면 시간과 비용을 절약하고 원하는 결과를 낼 수 있어요.
4. 훈련 레벨의 영어가 익숙해질 때까지 매달 다시 학습법을 읽어보세요. 이 내용은 절반의 역할이고, 당신이 무엇을 생각하고 실천하느냐에 달려 있습니다.
5. 책에서 좋은 점, 배울 점만 보세요. 안 좋은 점은 지나치고 배울 점만

찾아내는 게 진정으로 '배우는 능력'입니다.

6️⃣ 이 책의 노하우를 얻기 위해 수년간 같은 한국인에게 비난을 들어야 했고, 수천 권의 책을 읽고, 부끄럼 많기로 어디 가서 안 빠지는 제가 길에서 수백 명의 외국인들에게 말을 걸었고, 수천 명의 학생에게 적용해보고 배운 것들을 정리하고 메모했습니다. 이번 책을 준비하면서 마무리하다 과로해서 실제로 죽을 뻔했고요. 자랑도 아니고 '노력했으니 칭찬해주세요!' 따위의 말도 아닙니다. 그런 노력이 담긴 결과물을 단 몇만 원에 접할 수 있는 것이 책의 기적이란 깨달음을 전하고 싶어요.

7️⃣ 흔히 우리가 '한글해석'이라 부르는 부분을 최대한 줄이려 했습니다. 해석이 아니라 번역, 이해로 구분하는 걸로 이해해주세요. 영어를 접하고 나면 머릿속에 '아 이런 것이구나!' 하는 정도로 이해하면 됩니다. 한국어로 굳이 바꿀 필요가 없고 바꿔서 영어를 못한 거예요. 이 책에서는 다만 기존에 영어 학습을 해온 것을 활용하고, 영어 뇌를 작동시킬 때까지 유도하기 위해 한국어 설명이 조금 있습니다.

여러분이 영어로 말을 할 때 조금 어색하거나, 혹은 이 책의 영어에 조금 오류가 있거나 하더라도 너무 신경 쓰지 마세요. 중요한 점은 이 책에서 강조한 문장 만들기 공식을 활용해서 여러분 스스로 생각을 영어로 말하는 경험을 갖고 키워나가는 것이니까요.

너무 시험 영어에 매여 와서, '틀리면 절대 안 돼'라는 강박증을 한국인들은 갖고 있어요. 그런데 생각해보면 한국어는 100% 완벽하게 말하나요? 아나운서 분들도 실수합니다. 일반인들 대화할 때 보면 사실 한국어 실수 엄청나게 많습니다. '한국어랑 영어는 너무 틀려요'가 아니라 '달라요'지만 이런 실수 많이 하잖아요? '말은 뜻이 통하면 그만이다!'라고 공자님도 말씀하셨어요. ☺

또한 <100단어 영어 훈련 필수 마인드>가 '자기화'될 때까지 폰 배경으로 넣어두거나, 자주 보이는 곳에 복사해서 붙여두세요!

아이디어를 행동으로 옮길 때 변화가 일어납니다. 지금 당장 실천하세요. 붙이면 누구에게 도움이 되나요? 뒤에 계속 나오는 내용들도 마찬가지예요. 꼭 직접 만나서 '붙이셨어요?' '아뇨.' '책(편지)에서 붙여두라 했잖아요. 붙여두세요.' '아, 네.' 이렇게 하지 마시고 그냥 바로 실천을! ☺

100단어 영어 훈련 필수 마인드

제가 영어 훈련 시 매시간마다 크게 소리 내어 읽게 하는 주문이에요. 여러분도 따라 읽어보세요.

- I'll not speak Korean. I'll speak English.
  ▶ 자꾸 우리말을 사용하지 말고 할 수 있는 건 영어로 말해요!

- This is for me to speak English! Not for teachers. 'I!!' Paid.

  I need to speak more than trainers.
  ▶ 강사(트레이너)가 훈련시켜 줄 때, 그 사람보다 우리(학습자)가 더 영어를 많이 말해야 한다는 뜻입니다. 책을 보시는 여러분은 이 책의 설명을 보기보다 영어로 더 말을 많이 하시면 됩니다.

- I try to translate when I hear Korean, into English.

▶ 생활하면서 한국어를 들으면, 영어로 통역놀이를 해보는 거예요!
(할 수 있는 것부터 하면 됩니다.)

- **I'll repeat when I hear English!**
  ▶ 영어를 들으면, 쉬운 부분부터 따라서 말해보세요. (역시 들리는 것만 일단 말해요!)

- **I try to make a full sentence.**
  ▶ Yes, No, 식으로 말하기보단 되도록 문장으로 말하세요!
  한국어(or 외국어)가 익숙해질 때까진, '오늘 7시에 강남역에서 만나자', 'Let's meet at Gangnam Station at 7'을 들으면 '응', 'OK'만 하지 말고 연습할 겸 '응, 오늘 7시에 강남역서 만나!', 'OK! let's meet at Gangnam station at 7!' 라고 연습해보세요. 귀가 아닌, 입으로도 익숙해지면 안 하셔도 됩니다.
  어려서 우리말을 배울 땐 따라 말하기를 하지만, 성인이 된 이후에는 그렇게 할 필요는 없지요. 영어 말하기에 있어선 아직 한국인들이 한 살이므로 한 살같이 해보세요.
  귀, 눈으론 영어가 열다섯 살 이상인데, 입으로는 한 살인 사람들이 한국인이죠.

- **When I get free time, I describe what I experienced, what I thought.**
  ▶ 짬 날 때마다 오늘 나의 경험과 생각을 영어로 말해보세요.
  매일 반복되는 생각, 삶이라면 영어 문제가 아니라 인생 문제입니다!

"생각과 행동의 간격이 성장 속도를 결정한다."

CONTENTS

머리말 5
훈련의 목적 8
학습 계획표 13
이 책의 구성 14
활용법 16

PART 1 워밍업

1. '말문 트기'란? 26
2. 말문 트기 비법 33
3. 말문 트기 공식 52
4. 별표 복습법 | 술렁술렁 자꾸 보면 자기화돼요 55
5. 수진이 계획법 | 시스템을 만드세요! 61

PART 2
말문 트기 훈련 코스

DAY1 Do
STEP 1. 와 Come 71
STEP 2. 그 의자에 앉아 Sit on the chair 73
필수 꿀팁! 이제까지 영어가 안 됐던 이유 76

DAY2 Let's
STEP 1. 그 문을 열자 Let's open the door 83
STEP 2. 먹으러 가자 Let's go to eat 85
STEP 3. 우리 갈까? Shall we go? 87
필수 꿀팁! 영어 문제가 아니라 할 말이 없는 게 문제라고? 89

DAY3 Can
STEP 1. 나 들어가도 돼요? Can I come in? 95
STEP 2. 내가 1,000원에 이거 살 수 있나요?
　　　　　 Can I buy this at 1,000 won? 99
필수 꿀팁! 잘못된 영어 학습법, 이젠 속지 말자 102

DAY4 Will
STEP 1. 난 들어갈 거야 I will go in 109
STEP 2. 난 너와 성공할 거야 I will succeed with you 113
필수 꿀팁! 멋져 보이려고 시작한 영어가 인생을 바꾸다 116

DAY5 복습
STEP 1. 우리 빵집에 가자 Let's go to the bakery 121
STEP 2. 여기서 달려 Run here 125
STEP 3. 우리 그 빵집 갈까? Shall we go to the bakery? 127
STEP 4. 이리와. 앉아. 이거 먹어 Come here. Sit. Eat this 131
필수 꿀팁! 6개월 만에 영어를 마스터한 게 아니래두?! 134

DAY 6 현재시제

STEP 1. 언제 선생님이 오셔? When does the teacher come? 139
STEP 2. 너는 아침에 뭐해? What do you do in the morning? 143
STEP 3. 그는 뭘 좋아해? What does he like? 147
STEP 4. 우리는 항상 월말에 만나
　　　　　 We always meet at the end of the month 151
필수 꿀팁! 연수입 50만 원에서 2억대 연봉을 받기까지 154

DAY 7 현재진행시제

STEP 1. 그 선생님이 오고 있어? Is the teacher coming? 159
STEP 2. 그는 그 교회에서 오고 있는 중이야
　　　　　 He is coming from the church 163
필수 꿀팁! 영어는 공부도, 놀이도 아닌 훈련 166

DAY 8 복습

STEP 1. 너는 꿈이 있니? Do you have a dream? 171
STEP 2. 버스에 올라라 Get on the bus 175
STEP 3. 그는 무엇을 가졌어? What does he have? 179
STEP 4. 너 공부하게 여기 머물 거야? Will you stay here to study? 183
필수 꿀팁! 번역은 No! 영어방 만들기 185

DAY 9 과거진행시제

STEP 1. 그 선생님은 뭐 하고 있었어? What was the teacher doing? 191
STEP 2. 나는 공부하게 여기 머물 거야 I will stay here to study. 195
필수 꿀팁! 영어를 쓸 수 밖에 없는 수진이 만들기 198

DAY 10 be동사

STEP 1. 누가 우리 선생님이니? Who is our teacher? 205
STEP 2. 걔가 걔야? Is he the man? 209
필수 꿀팁! 꼭! 권하고 싶은 학습법, 자기계발법 '가르쳐보기'! 212

DAY 11 과거시제

STEP 1. 어제 너 갔니? Did you go yesterday? 217
STEP 2. 너 언제 왔어? When did you come? 221
필수 꿀팁! 어떡해 어떡해 슬럼프가 왔어요! 224

DAY 12 복습

STEP 1. 먹어 / 먹지마 Eat / Don't eat 229
STEP 2. 너 왜 이거 못 먹어? Why can't you eat this? 233
필수 꿀팁! 관사 a/an, the 236

DAY 13 분사

STEP 1. 분사 241
STEP 2. 나 잤어, 피곤한 상태로 I slept tired 247
필수 꿀팁! 영단어 학습에 대해 250

DAY 14 관계사

STEP 1. 너는 책을 좋아하는 나를 좋아한다
You like me who like books 255
STEP 2. 내가 좋아하는 날씨 The weather that I like 265
STEP 3. 이것이 내가 좋아하는 날씨야
This is the weather that I like 269
STEP 4. 이건 내가 원하는 거야 This is what I want 273
필수 꿀팁! 사전 활용법과 기본 동사 익히기 276

D-DAY

내 생각을 영어로 말해보기 283
필수 꿀팁! 이게 진짜 패턴이다! 286

마치며 291

- 준비되셨죠?
  워밍업을 통해 나에게 딱 맞는 영어 훈련 습관을 만들어보세요.

PART 1

워밍업

'말문트기'란?

　이 책의 목표는 최종적으로 영어로 자기 생각을 말해보는 것입니다. 책으로 훈련한 다음에 여러분이 이 내용을 직접 영어로 말해볼 거예요.

나는 요즘 일찍 일어난다. 7시쯤 일어나서 운동하고 달리기를 한다. 그리고 나는 아침을 먹은 뒤 일하러 간다. 나는 일하러 가는 지하철에서 책을 읽는다. 나는 걸어가면서 영어 말하기를 연습한다. 나는 회사에서 열심히 일한다. 나는 예전엔 친구와 잡담을 했다. 나는 1주일에 2번은 저녁을 혼자 먹는다. 왜냐면 내가 저녁을 먹으면서 생각할 수 있어서다. 난 1주일에 3번 영어를 연습하러 학원에 간다. 거기서 나는 새 친구들을 만났다. 그들도 열심히 책을 읽고 영어를 연습하는 중이다. 나는 꿈을 찾기 시작했다. 나는 많은 것들을 여기서 배웠다. 나는 더 행복해질 것이다.

　다음은 위 예문을 영어로 말하기 위해 필요한 단어들입니다.

I	they	am	wake	7
exercise	run	breakfast	work	to
read	book	speak	company	hard
before	friend	chat	week	twice
dinner	because	think	times	practice
new	dream	begin	look	many
learn	here	things	happy	will
be	about			

그리 어렵지 않죠? 핵심은 **1** 아는 단어들로 **2** 영어 어순에 맞게 활용해서 **3** 소리 내어 말하는 것이지요! 이 3가지를 연습하면 영어 말문은 트일 수밖에 없습니다.

1. 이미 아는 단어들로, 3가지 비법을 익히고, 소리 내면 말문이 트입니다!

말문 트기

1 아는 단어들로

▶ 한국인들은 너무 단어를 외우기만 하고 있어요. 아는 단어 대비 활용도가 너무 낮아요! 단어는 '언어를 사용'하면서 익혀나갈 문제입니다. (뒤에서 더 설명할게요!) 일부러 말문 트기 편에선 단어 100개 정도만을 사용해 연습합니다. 그것만으로 충분히 말문이 트이는 경험을 할 거예요!

2 영어 어순 익히는 것
▶ 이 부분이 문제인데, 이 책에서 자연스럽게 익숙해지게 해놨습니다! (말문 트기 비법 1, 2, 3)

3 소리 내는 것
▶ 언어를 익히는 데 너무나 당연한 것이죠! 한국인은 영어를 눈으로 공부만 해왔죠. 이걸 고쳐야 합니다! 운동 습관을 잡아가듯 계속 바꿔나가야 합니다. 역시 책에서 계속 강조할 거예요!

운전하고 싶은데 면허 시험공부만 10년 동안 하면 운전이 늘 리가 없겠죠? 시험공부만 하면서 '난 왜 운전을 못하지?'라고 생각한다면 이상하겠죠? 아직까지 대부분의 한국인들이 해온 건 실제 영어가 아니라 영어 이론 공부였어요. 우리가 해왔던 영어(이론, 분석의 공부)와 우리가 해야 할 영어(의사소통 수단의 영어)는 달라요! '난 영어(실제 영어)를 못해'라고 생각할 필요 없어요. 안 해 봤으니까요! 자기 일상을 영어로 말하는 정도는 누구나 할 수 있습니다. 운전을 누구나 하듯이요!

원어민 같은 유창한 영어나 완벽한 발음은 일단 말문을 트고 나서 생각합시다. 외국인이 굳이 100% 한국인 같은 한국어를 하려고 노력할 필요는 없잖아요? 30~50% 수준만 돼도 간단한 의사소통은 가능합니다. 영단어 100개만 활용하면 성인 원어민 50% 수준의 언어를 구사할 수 있어요. 많은 유럽, 인도인들이 이런 식으로 영어를 합니다. 누구나 노력하면 다 됩니다. 이미 이 책의 방법으로 많은 왕초보들이 영어 말문을 트고, 다른 왕초보 학생들의 말문을 트여주는 선생님이 되었습니다. '영나한'에서는 이런 분들을 실제로 만날 수 있습니다.

다시 한 번 말하지만, **1 이미 알고 있는 단어를 활용해서** **2 기본문 4가지 형태**(말문 트기 비법 1)**와 영어 어순대로 단어를 배열하는 법**(말문 트기 비법 2, 3)**을** **3 입으로 소리 내어 연기하듯 연습하면** 영어 말문이 트입니다.

2. 기본 100단어 체크

말문 트기 훈련을 위한 주요 단어들입니다. 이 단어들을 본 적만 있으면 일단 기본기는 충분합니다. 이것만으로도 충분히 의사소통 가능하다는 것을 체험할 겁니다. 그 외의 단어들은 일단 어순이 잡히고 나서 필요에 따라 익혀 나가면 됩니다. 단어를 수천 개 외운다고 말문이 트이지 않아요! **이미 아는 단어**를 사용하는 게 비법입니다. 눈에 익은 단어가 있는지 편하게 한 번 보면 됩니다.

의문사	
언제	when
어디서	where
누가	who
무엇을	what
어떻게	how
왜	why

전치사			
at, to, for	in, out	on, off	with, by
from, of	up, under	around, about	before, after

조동사			
must	shall (should)	can (could)	will (would)

동사	
와라	come
앉아	sit
취해라	take (일대일 대응이 어려움)
열어라	open
읽어	read
적어	write
집중해	focus
생각해	think
배워	learn
잊어라	forget
떠들어	chat (채팅 chatting이 여기서 온 거예요.)
춤춰	dance
먹어	eat
자라	sleep
해라	do (동사)
일어서라	stand
가라	go
～하게 하다	let

봐라	see
대답해	answer
일어서라	stand up
사라	buy
마셔라	drink
놓아라	put
주어라	give
질문해	ask
시작해	start
향상해	improve

명사	
책	book
집 (가정)	home
숙제	homework
문	door
책	book
빵	bread
너	you
물	water
우유	milk
사탕	candy
돈	money
가게	store
빵집	bakery
친구	friend
교실	class
삶	life

대명사	
나	I
나의 (I의 소유격)	my
나를 (I 목적격)	me
너의 (you 소유격)	your
우리를 (we 목적격)	us
우리의 (we 소유격)	our
이것	this
저것	that
그것	it

    기본 동사 약 20개, 전치사 약 20개에 모든 명사는 대명사로 대체 가능하니 (우리말로도 그거, 저거, 그 사람, 거시기 하듯) 대명사 20개, 조동사, 의문사 이렇게 해서 약 100개의 단어의 조합 방식만 익히면 사실상 무한하게 다양한 문장을 만들 수 있어요.

    '거기 가서 그 사람이랑 그것 좀 거시기 해라' 이것도 하나의 문장이잖아요. 거기, 그 사람, 그거, 거시기에 해당하는 단어만 바꾸면 무한한 다른 문장이 되는 것과 같아요. 그 단어는 필요에 따라 익히면 됩니다.

    뒤에서 설명하겠지만 처음에는 확인차 한글 뜻을 적어놨습니다. 정확히는 '한국어=영어'처럼 일대일 대응은 안 됩니다. 그동안 일대일로 대응 암기 했기 때문에 영어를 못한 거예요. 한국어에 없는 전치사, 동사를 억지로 끼워 맞췄으니까요.

말문 트기 비법

1. 말문 트기 비법 1 : 기본문 4가지 형태 연습

정말 간단한데 효과는 엄청납니다. 왜 그동안 이걸 활용한 학습법이 없었는지 의문이 들 정도예요. 전 세계인들이 언어를 배울 때 일대일로 암기만 주로 해왔지, 이런 식으로 변형 연습은 안 해 본 것 같아요. 이 방법은 어느 언어를 배우든지 적용할 수 있습니다.

'너는 나를 좋아해'라는 문장이 있을 때 4가지 형태(일반형/일반부정형/질문형/질문부정형)로 변형이 가능해요.

- a 일반형) 너는 나를 좋아해.
- b 일반부정형) 너는 나를 안 좋아해.
- c 질문형) 너는 나를 좋아해?
- d 질문부정형) 너는 나를 안 좋아해?

다음 문장들도 4가지 형태로 변형해보세요.

1 그들은 영어를 말할 수 있다.

　　　　　　　　　　　　　　　　　　　일반형
　　　　　　　　　　　　　　　　　　　일반부정형
　　　　　　　　　　　　　　　　　　　질문형
　　　　　　　　　　　　　　　　　　　질문부정형

2 내 강아지는 우유를 안 좋아해.

　　　　　　　　　　　　　　　　　　　일반형
　　　　　　　　　　　　　　　　　　　일반부정형
　　　　　　　　　　　　　　　　　　　질문형
　　　　　　　　　　　　　　　　　　　질문부정형

3 이거 좋아요?

　　　　　　　　　　　　　　　　　　　일반형
　　　　　　　　　　　　　　　　　　　일반부정형
　　　　　　　　　　　　　　　　　　　질문형
　　　　　　　　　　　　　　　　　　　질문부정형

4 우리 이거 먹지 말까?

　　　　　　　　　　　　　　　　　　　일반형
　　　　　　　　　　　　　　　　　　　일반부정형
　　　　　　　　　　　　　　　　　　　질문형
　　　　　　　　　　　　　　　　　　　질문부정형

우리는 한국어에 익숙해서 의식하지 못하고 사용하지만 이렇게 확실히 정리해두면 영어에도 똑같이 적용할 수 있어요. 한국말로 4가지 변형을 잘 못하는 분은 외국어인 영어는 당연히 더 헷갈려 하는 경우가 많아요. 연습을 통해 충분히 익힐 수 있어요. 이를테면 **'You must come'**이라는 문장은 다음과 같이 변경할 수 있어요.

1. You must come.
2. You must not come.
3. Must you come?
4. Must not you come?

아마 문장 1에 비해 3, 4가 어색할 겁니다. 하지만 모든 문장이 1 일반 2 일반부정 3 질문 4 질문부정 형태로 되거든요. 자꾸 말해보면 익숙해지고 이 방법이 이해될 거예요. 아주 단순하지만 중요한 기법 중 한 가지입니다.

영어에는 **한국어에는 없는 조동사라는 게 있습니다.** 그래서 약간 모양이 달라지는 경우가 있어요. 하지만 기본적으로 기본 4가지 형태로 되는 건 맞습니다. 아래와 같이 익숙해지도록 연습하면 됩니다.

예 1	예 2
a They can speak English.	b My puppy doesn't like milk.
b They can't speak English.	a Does my puppy like milk.
c Can they speak English?	c Does my puppy like milk?
d Can't they speak English?	d Doesn't my puppy like milk?

예 3	예 4
c Is this good?	c Shall we eat this?
a This is good.	a Let's eat this.
b This is not good.	b Let's not eat this.
d Isn't this good?	d Shall we not eat this?

눈으로만 보지 말고, 반드시 소리 내어 입으로 훈련하세요!

2. 말문 트기 비법 2 : 영어 어순 분석하고 익히기

1 영어 어순 익히기

어순이 어떻게 다른지를 배워볼게요. 한국어는 문장이 길어질 때 주어와 동사 사이에 단어들이 놓입니다. 아래 예문에서 주어와 동사의 위치를 비교해 보세요.

예 1	
나는 원해.	나는 가기를 원해.
나는 만나러 가기를 원해.	나는 너를 만나러 가기를 원해.

영어는 문장이 길어질 때 주어 다음에 동사가 나온 뒤, 어떠한 순서대로 단어들이 따라옵니다. 영어권 사람들의 사고방식, 사고 순서인데 그냥 훈련 코스에 나오는 예문 연습을 통해 익숙해지면 됩니다.

예 2	
I want.	I want to go.
I want to go to meet.	I want to go to meet you.

위 문장을 굳이 한국어 어순으로 '나는 너를 만나러 가기를 원해'로 바꾸지 마세요. 영어를 쓰는 사람들은,

I want to go to meet you.
1→2→3→4→5

위와 같이 그냥 순서대로 이해하는데

나는 너를 만나러 가기를 원해
1→5→4→3→2

이런 식으로 한국어로 바꾸다 보니 그동안 영어가 어려웠던 거예요.

그냥 순서대로 이해하면 됩니다. 순서는 바꾸지 않되 한국어로 대략 뜻만 적어보자면 '나는 원해/가기를/만나러/너' 정도가 되지요. 위 〈예 1〉과 같은 뜻이긴 해요. 명심하세요! 한국어로 굳이 '번역'하지 않는 것이 중요해요. 대부분의 한국인은 영어를 이해하길 원하지 번역가가 되길 원하는 게 아니잖아요?

위 문장에서 단어 순서를 바꾸어서,

Meet you go to want I
만나라 너는 간다 원하러 나를

이렇게 바꾸면 뜻이 달라지고 이상해집니다. 영어는 순서가 중요합니다. **'I love you'**라는 문장을 **'Love I you' 'You love I'** 하면 뜻이 바뀌거나 이상해져요. 그에 비해 한국어에는 '조사'가 있어서 순서가 바뀌어도 괜찮지요.

예 3
나는 너를 만나러 가기를 원해
원해 나는 너를 만나러 가기를
너를 나는 만나러 가기를 원해

한국어도 조사를 빼고 어순을 바꾸면 좀 차이가 생깁니다.

예 4
나 너 만나러 가기 원해
너 만나러 나 원해 가기
너 가기 원해 만나러 나

영어 어순을 설명하기 위한 방법들이 여러 가지가 있는데요. 수년간 학생들과 연습해보니 너무 자세한 설명은 없어도 되더라고요. 문장으로 직접 연습하다 보면 익숙해져요. 사건이 발생하거나, 생각이 진행되는 순서대로 그려나가는 느낌이에요.

I want to go to meet you.

난 원한다 → 가기를 → 만나려고 → 너를

아래 예문을 영어 어순으로 바꿔보며 연습해보세요.

01 나는 영어 말하기를 연습하려고 이 책을 샀다.

02 그는 그녀와 도서관에 간다.

03 너 그 책을 내게 건넬 수 있어?

04 나는 외국인에게 한국어를 가르칠 수 있다.

05 내가 그녀에게 오늘 전화해도 돼요?

06 우리가 이번 달에 새 외국인 친구를 만들 수 있을까?

07 지금 나한테 그거 말해줄 수 있어?

08 내가 그들의 전화번호를 가질 수 있어요?

09 나는 내일 그를 보기 위해 여기에 있을 거예요.

10 우리는 영어를 연습하기 위해 이곳에 1주일간 머물 겁니다.

11 어떻게 너는 그가 영어를 말하게 만들 거야?

12 나는 내년에 저 빌딩의 주인이 될 거예요.

13 그들은 그들의 여가시간에 책을 읽어요.

14 그는 몇 시에 학교로 일하러 갑니까?

15 나는 내 꿈을 위해 영어를 배우고 있어요.

16 나는 집을 만들려고 이 나무들을 베었다.

17 그녀는 나를 만나려고 이 학교에 왔다.

정답

01 나는 샀다 이 책을 / 연습하려고 말하기를 영어

02 그는 간다 / 도서관에 그녀와

03 너 건넬 수 있어? / 그 책을 내게

04 나는 / 가르칠 수 있다 / 한국어를 / 외국인에게

05 해도 돼요 / 내가 (내가 해도 돼요?) / 전화를 / 그녀에게 / 오늘

06 있을까 / 우리가 / 만들 수 (우리가 만들 수 있을까?) / 새 외국인 친구를 / 이번 달에

07 수 있어 / 말해줄 / 네가 (말해줄 수 있어?) / 나한테 / 그거 / 지금

08 있어요 / 내가 / 가질 수 (내가 가질 수 있어요?) / 그들의 / 전화번호를

09 나는 / 있을 거예요 / 여기에 / 보기 위해 / 그를 / 내일

10 우리는 머물 겁니다 이곳에 일주일간 / 연습하기 위해 영어를

11 어떻게 너는 만들 거야 / 그가 말하게 영어를

12 나는 될 거예요 / 주인이 저 빌딩의 내년에

13 그들은 읽어요 / 책을 그들의 여가 시간에

14 몇 시에 그는 갑니까 학교로 / 일하러

15 나는 배우고 있어요 영어를 내 꿈을 위해

16 나는 베었다 이 나무들을 / 만들려고 집을

17 그녀는 왔다 이 학교에 / 만나려고 나를

한국어와 다른 부분이라 익숙지 않을 뿐이지 연습해보면 재미있고 금방 익숙해집니다. 평소 접하는 모든 말들을 영어 어순으로 배열하는 연습을 해보면 좋아요. 다만 일상에서 사용되는 말들은 영어 어순으로 그대로 바꾸면 이상해지는 것들이 있어요. (아래 <한국식 표현 처리법> 참고) 일단 이 책에 있는 문장부터 해보세요.

2 한국식 표현 처리법

영어 어순대로 한국어를 바꿔보는 연습이 중요하단 것! 해보면 재미있을

거예요. 책에 있는 문장들로 계속 연습해보면 점점 속도가 빨라질 겁니다. 일상생활에서 접하는 문장들로 항상 연습해보길 권합니다.

다만, 일상생활에서 접하는 문장들은 처음에 힘들 수 있어요. 이 책의 문장들은 영어 어순으로 바꾸기 좋게 만들어둔 문장들이거든요. 단어의 순서만 바꾸면 되도록 해놨어요. 그런데 일반적으로 우리가 쓰는 말들은 그렇지 않은 경우가 있어요.

예 1
아…… 나 어제 완전히 찬밥 됐어.
예 2
별거 아니지만, 제 정성으로 생각해주세요.
예 3
단어의 순서만 바꾸면 되도록 해놨어요.

이런 문장들로 어순을 바꿔 보면,

예 1
아…… 나 됐어 / 찬밥이 완전히 어제
예 2
별거 아니지만 / 생각해주세요 / 제 정성으로
예 3
해놨어요 바꾸면 되도록 / 단어의 순서만

이 정도가 되는데, 저 상태에서 영어 단어로 바꾸면 이상해지거든요

> **예 1**
> Ah…… I became cold rice perfectly yesterday.
>
> **예 2**
> Not something, but think my 정성(?)……
>
> **예 3**
> Did …… change…… word order……

주어 등이 빠져 있다거나, 아예 그 나라말에 없는 단어, 문화들이 들어간 문장이라 그래요. '한 언어와 다른 언어는 일대일 대응이 안 된다'는 사실을 얼른 깨달으면 좋아요.

이런 경우 문장 자체를,

1. 영어 어순대로 말할 수 있는 구조로 바꾸거나,
2. 그 상황에 맞는 다른 문장으로 바꿔야 합니다.

<예 1>의 경우 '아…… 나 어제 완전히 무시당했어' '어제 그들이 날 너무 무시했어' 정도로 바꾸거나, 그냥 상황에 맞게 **'I wasn't happy' 'I didn't like it'** 정도로 하면 됩니다.

<예 2>의 경우 '나는 생각해요. 이게 별게 아니라고, 하지만 생각해주세요. 이것을 내 정성으로'(영어 어순에 맞게 변형) 정도로 바꿀 수 있어요. 하지

만 영어로 바꾸면 구조에는 문제가 없는데 영어권 사람들이 듣기에 좀 이상할 수 있어요. 그래서 그냥 상황에 맞는 다른 문장으로 적절히 해나가야 돼요. **'Thank you so much! I made this cake. I hope you would like this.'** 이런 식으로 그냥 상황에 맞는 말을 할 수 있게 돼야 하는데, 이건 정말 영어 자체를 많이 접함으로써 키워지는 감각이에요. 출간 예정인 이 시리즈 2권 『영어 회화 원서』편이나, 3권 『원서 읽기』편을 통해 원서를 많이 접해보면서 키워나갈 수 있습니다. (물론 원어민과의 대화나 영화 등을 통해서도 가능해요.) 일단 이 책을 통해 어순만 바꾸면 되는 문장들로 연습 후, 점점 말하기를 늘려나가면 돼요!

3. 말문 트기 비법 3 : 영어의 5구조 파악해서 어순 늘리기

처음 보면 약간 어려울 수 있는데, 이 책에서 '얼마 안 되는' 어려운 부분입니다. 아주 중요하고요. 읽다가 잘 모르겠으면 설렁설렁 보고, 말문 트기 훈련을 해나가면서 반복해서 여러 번 읽어서 완전히 이해해주세요.

아무리 긴 영어 문장도 결국 '주어+동사'의 기본 문장에 영단어가 어떤 규칙에 따라 달라붙고 있는 것뿐입니다. 수백 권의 영어 관련 서적과 원서를 읽어보며 정리해보니, 그 규칙은 딱 5가지더라고요. 이 책에는 어려운 문법 용어들이 전혀 없습니다. 그러니 이것만은 꼭 익혀두세요.

1 **주어 + 동사 (기본형)**

일단 주어와 동사가 있어야 한 문장이 됩니다. 그런데 동사에 두 가지 형태가 있어요. 주어가 뭔가 행동하는(→) 동사가 있고, 주어가 어떤 상태인지(=) 나타내는 동사가 있습니다. 일반동사, **be동사**로 배워왔던 건데 여기선 →, = 로 설명할게요.

> I like you / He studied english 이런 건 →로 쓰인 거고,
>
> I am tall / she is pretty 는 =로 쓰인 겁니다

그리고 우리가 자동사, 타동사로 무식하게 외워왔던 것 말인데요. 동사가 주어 스스로에게 영향 미치면 자동사, 뭔가 대상에게 영향 미치면 타동사입니다.

말로 설명하는 데 조금 한계가 있어요. 자꾸 자동사, 타동사 같은 문법 용어 나오면 저도 머리 아파져요. 항상 그냥 예문으로 익히는 게 좋아요. 자꾸 소리 내서 읽으며 영어 자체를 경험하면 돼요.

자동사

I go. 나는 간다. (가는 게 '나')

He swims. (수영하는 데 어떤 대상이 필요하진 않지요? 나는 너를 수영해 X)

타동사

She likes you. (그녀가 좋아하는 대상이 'you')

They make computers. (그들이 만드는 것은 'computers')

경우에 따라 두 가지 역할을 하는 동사도 있어요.

예 1

I study this cafe. (나는 공부해 이 카페를) : 예를 들어 창업하려고 카페 연구 중

I study in this cafe. (나는 공부해 이 카페 안에서)

(한글 번역은 참고만 하고 영어 자체 뉘앙스에 익숙해져야 돼요.)

예 2

Eat the cat. (먹어 그 고양이를) : 무섭(?)지만 자/타동사 이해를 위한 예문입니다.

Eat with the cat. (먹어 그 고양이랑 (같이)) : 보통 이런 식으로 쓰겠죠.

위와 같이 전치사 유무에 따라 두 가지 역할을 하는 동사도 있어요. 외우지 말고 예문을 소리 내서 읽어보세요. 누구한테 설명한다 치고 혼잣말로 설명해보는 것도 좋아요. 인형에게 "너 자동사랑 타동사가 뭔지 알아? 예를 들어줄게~ **'Eat the cat'** 하면 말이야~" 이런 식으로요. 😊

이 책의 설명을 참고로, 많이 읽고 말해보면서 자연스레 익히면 됩니다. 일단 많이 '해'보고, 설명을 참고하는 겁니다. 우리는 설명만, 그것도 '잘못된' 설명을 '공부만' 했거든요.

2 전치사 + 명사

기본형에 명사를 데려올 땐 전치사를 쓰면 됩니다. 어떤 전치사를 쓰느냐가 문제인데요. 전치사라는 게 한국어에 없어서 그래요. 외국인들이 한국

어를 배울 때 조사를 자주 빠뜨리는 것도 같은 이유입니다. ('미쿡 싸람 풀고기 좋습니다!' 등……) 어렵다기보다 그냥 새로운 걸 배운다고 생각하세요. **1** 책의 설명을 참고하고 **2** 자꾸 사용하며 시행착오를 겪고 **3** 다시 설명 참고, 영어 원서 등을 통해 채워 넣으면 됩니다. 훈련 코스에 나누어서 설명해 놓았습니다.

I go to school.	나는 간다 / 학교에
I will run to you.	나는 달릴 거야 / 너에게 (네 쪽으로)
This book is for you.	이 책은 '='상태야 / 널 위한
I wrote this book for you.	나는 썼다 이 책을 / 널 위해

3 to + 동사

기본형(주어+동사)에 동사를 더 데려올 땐 데려오는 동사 앞에 **to**를 둡니다. 이걸로 끝! **to**는 동사, 명사를 데려올 때도 쓸 수 있어요. 뒤에서 **to**에 대해 좀 더 설명하겠지만, **to 부정사** 같은 어려운 말은 몰라도 되고 **to**가 나오면 '방향', '그쪽으로 움직이려 함' 정도의 느낌을 일단 잡아두면 됩니다.

I go to study.	(나는 간다 / 공부하려고)
He has a book to read.	(그는 가졌다 한 책을 / 읽을 or 읽으려고)
He sings to meet you.	(그는 노래한다 / 만나려고 너를)
This book is to guide you.	(이 책은 '='상태다 / 이끌려고 너를)

직접 만들어볼까요?

- 나는 (한) 선생님이야 / 가르칠 너를

  : ....

- 나는 공부해 / 가려고 미국에

  : ....

- 나는 원해 / 말하기를 영어를

  : ....

- 그는 원해 / 오기를 여기에

  : ....

4 분사 (DAY 13에서 연습)

분사도 되게 어렵게 배워왔는데 간단히 알려드릴게요.

1. 한 문장에 동사가 이미 있는데 또 하나의 동작이 있으면 동사를 변형해서 붙입니다.
2. 동사를 변형시켜서 명사를 꾸미는 용도로 사용할 수 있어요. 무슨 말이냐고요?

쉬운 설명 나갑니다!

프라이드치킨이라고 하죠? 프라이팬이라고 하고요. 이게 사실 **fried chicken**이고 **frying pan**이에요. 기본 동사 **fry**(튀기다, 튀겨라)가 **fried** 아님 **frying** 형태로 변형되는데 **-ed** 형태가 되면 '~된 거'이고, **-ing** 형태면 '~하는 것'이 돼요. 그래서 우리말로 설명하자면 **fried chicken**은 '튀겨진'이 되고 **frying pan**은 '튀기는' **pan**이 돼요.

여기서 중요한건 동사와 분사의 뜻을 일일이 외우는 게 아니라 영어를 접하다가 **fried chicken**이란 게 나오면 '아……? **fry** 뜻은 내가 모르지만 암튼 이건 **fry가 된 치킨**이란 소리구나' 이걸 알 수 있고, 알아야 한단 거죠. 잘 이해 안 가면 일단 넘어가고 다음에 다시 보세요! 알죠? 〈별표 복습법〉 훈련 코스에서 많은 예문을 통해 익히게 될 겁니다. ☺

5 접속사

접속사에 두 가지가 있어요. 한 가지는 **and, but, when** 이런 접속사예요. 이런 접속사를 '등위접속사'라고 부르는 것은 몰라도 됩니다. (저도 책 쓴다고 찾아봤어요.) 암튼 이런 접속사는 한 문장에 다른 문장을 데려올 수 있습니다.

> **I like you and you like him.** (슬프군요. ☹)
>
> **You read books when I watch TV.**

다른 한 가지가 관계대명사라는 건데, 좀 많이 연습해야 돼요. 한국어와 어순에서 차이가 있기 때문인데요. 역시 자세한 문법은 몰라도 되고 이 책을 통해 자연스럽게 익히게 될 거예요. 항상 말로 연습!! 명심하세요. (관계대명사는 DAY 14에서 연습합니다.)

훈련 코스에서 DAY 13까지는 말문 트기 비법 3-1 : **주어+동사**, 3-2 : **전치사+명사**, 3-3 : **to+동사**만을 사용해서 연습할 거예요. 쉽게 하려고 그렇게 만들었습니다.

영어의 5구조

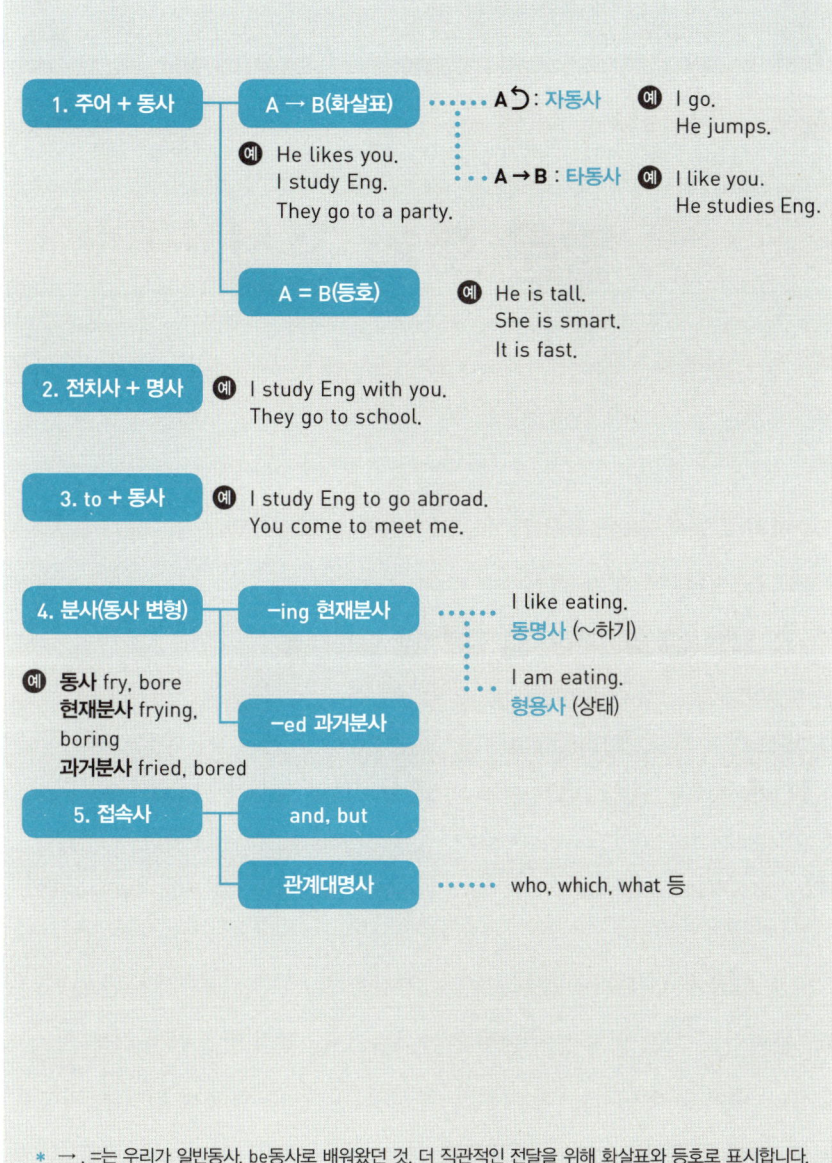

* →, =는 우리가 일반동사, be동사로 배워왔던 것. 더 직관적인 전달을 위해 화살표와 등호로 표시합니다.

말문 트기 공식

임의로 동사 eat을 잡고 각 유형과 4변형을 적용하면,

각 시제+말문 트기 비법 1 :

a 일반 **b** 일반부정 **c** 질문 **d** 질문부정

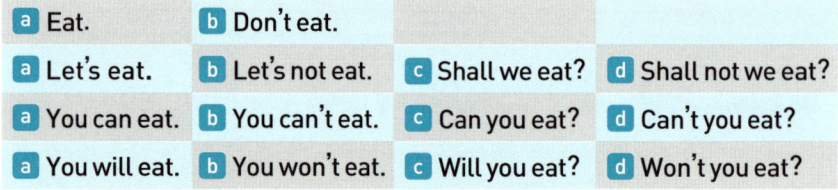

한 시제당 4형태가 나오니 (명령형만 2형태) 2+4+4+4=14가지를 만들 수 있죠. 동사와 주어를 바꾸면 무한하게 늘어나고요. 달리 말하면 여러분 스스로 동사나 주어를 바꿔서도 바로 바로 문장을 말할 수 있어야 된다는 거예요. 예로, 위에서 동사를 **go**로 바꾼다면,

a Go.	b Don't go.		
a Let's go.	b Let's not go.	c Shall we go?	d Shall not we go?
a You can go.	b You can't go.		

이런 식이 되겠죠. 여기에 비법 2, 3까지 적용하면, (문장 만들어내는 프로세스 예시니, 아래 문장들의 의미에는 신경 쓰지 마세요.)

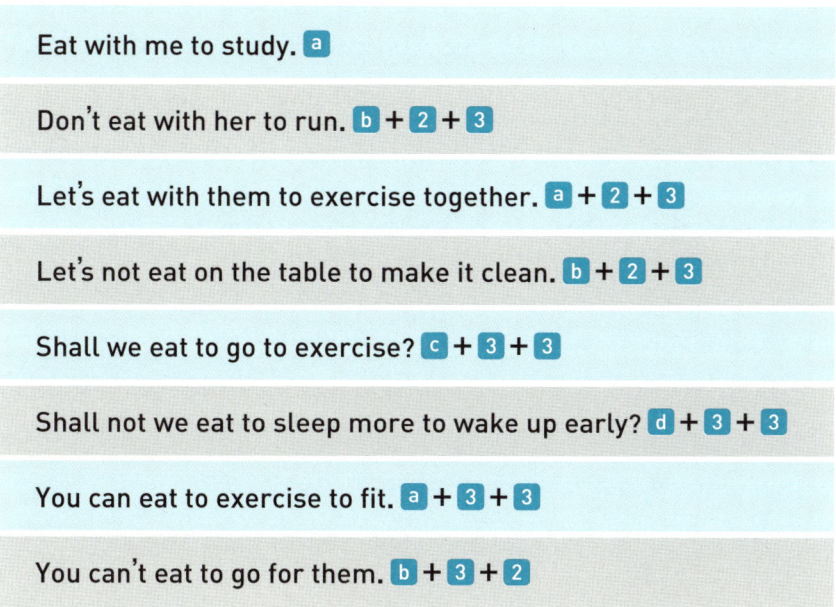

결국 위의 문장들은 [주어+동사 1]+[전치사+명사 2]+[to+동사 3] 이런 형태들입니다. 주어와 동사가 하나씩 있으면 일단 문장이 완성되고, 다양한 시제와 4변형(비법 1)으로 여러 변형이 되며, 여기에 비법 2, 3이 적용되면 계속 문장이 길어지는 거죠. 'to+동사' '전치사+명사' 이런 것들은 몇 개를 끌고 오건 상관없습니다.

말문 트기 (영단어로 문장 만드는 원리) :

(주어+동사=문장) × 다양 시제 × 비법 1(4변형)

＋비법 2(영어 어순) 적용하면서 비법 3(5구조)으로 문장을 늘린다!

(아버지, 어머니~!! 수학 포기했던 제가 영어를 가지고 공식을 만들었습니다!!)

이게 말문 트기, 다시 말해 '아는 단어들로 조합을 무한히 변형시켜 문장 만들기'의 프로세스(처리 과정)입니다. 말문 트기 비법 1, 2, 3이 머릿속에서 잘 돌아가면, 그때부터 원서 등을 통해 많은 표현과 영단어들을 접해서 더 다양하게 문장을 만들 수 있는 인풋을 만들고 아웃풋 연습을 하면 됩니다.

별표 복습법
술렁술렁 자꾸 보면 **자기화**돼요

공부법 도서 100권 읽은 것을 한 줄로 정리하자면 '한 책을 20번 이상 봐라'예요. **한 번 볼 때 완벽히 알려고 하지 말고, 부담 없이 이해되는 부분만 보고** 넘어가는 작업을 반복하다보면 어느 순간 자기 것이 됩니다. 우리가 할 것은 정확히는 '공부'가 아니고 연습, 훈련인데요. 똑같이 적용 가능합니다. 각 장을 한 번 연습할 때마다 STEP 옆에 선 하나를 그어 5번 연습 시 별 하나를 완성해보세요. 조금 어려운 STEP이라도 대개 10번 연습하기 전에 익숙해질 거예요. 바꿔 말하면 10번, 20번 복습하지 않고 '잘 모르겠다, 어렵다' 하면 안 된다는 겁니다.

한 STEP의 각 예문 뒤에 **O, /** 표시를 하면 더 효율적으로 연습할 수 있어요. 바로 말할 수 있는 문장엔 **O**, 바로 말 못하거나 틀린 문장엔 **/** 표시를 한 뒤 **O** 표시가 연속 3~5회(본인이 적절히 조절) 이상 된 문장은 숙달된 것이니 다음부턴 넘어가는 겁니다. **/** 표시를 한 문장은 익숙하지 않은 거니 더 연습해야죠. 역시 대개 10번 복습하기 전에는 체화될 거예요.

한 번 이미 본 것을 또 연습할 때 문장들이 눈에 익숙해져서 지겨워지는 문제가 있지요. 도움될 방법으로, 한 쪽을 연습하는 데 걸린 시간을 적어보세요. 집중해서 연습한다면 1회차 : 30분, 2회차 : 25분, 3회차 : 25분, 4회차 : 22분, 5회차 : 18분 이런 식으로 시간이 점차 줄게 될 거예요. 한 문장을 봤을 때 1초 내로 말할 수 있는 것을 목표로 하면 됩니다.

별표 학습법 예시

연습 1회차	STEP X : ☆
01 여기서 달려. O	
02 영어 공부하지 마. O	
03 그에게 이거 주지 말자. O	
04 내가 영어 연습하도록 도와줘. /	
05 술 마시려고 그를 만나지 마! /	
06 저거 사지 말자. /	
07 춤추러 여기로 떠나자. /	
08 오늘 내 차 운전해. /	
09 그거 먹으려고 머물러 있지 마. /	
10 이거 먹으러 오지 마. /	

소요시간 : 25분

연습 2회차 STEP X : ★

01 여기서 달려. ㅇㅇ
02 영어 공부하지 마. ㅇㅇ
03 그에게 이거 주지 말자. ㅇ /
04 내가 영어 연습하도록 도와줘. / /
05 술 마시려고 그를 만나지 마! / ㅇ
06 저거 사지 말자. / ㅇ
07 춤추러 여기로 떠나자. / ㅇ
08 오늘 내 차 운전해. / /
09 그거 먹으려고 머물러 있지 마. / /
10 이거 먹으러 오지 마. / /

소요시간 : 22분

연습 3회차 STEP X : ★

01 여기서 달려. ㅇㅇㅇ
02 영어 공부하지 마. ㅇㅇㅇ
03 그에게 이거 주지 말자. ㅇ / ㅇ
04 내가 영어 연습하도록 도와줘. / / /
05 술 마시려고 그를 만나지 마! / ㅇㅇ
06 저거 사지 말자. / ㅇㅇ
07 춤추러 여기로 떠나자. / ㅇㅇ
08 오늘 내 차 운전해. / / ㅇ
09 그거 먹으려고 머물러 있지 마. / / /
10 이거 먹으러 오지 마. / / ㅇ

소요시간 : 18분

연습 4회차 STEP X : ☆

01 여기서 달려. ○○○○ (연습 종료)
02 영어 공부하지 마. ○○○○ (연습 종료)
03 그에게 이거 주지 말자. ○/○○
04 내가 영어 연습하도록 도와줘. ///○
05 술 마시려고 그를 만나지 마! /○○○○
06 저거 사지 말자. /○○○
07 춤추러 여기로 떠나자. /○○○
08 오늘 내 차 운전해. //○○
09 그거 먹으려고 머물러 있지 마. ///○
10 이거 먹으러 오지 마. //○○

소요시간 : 15분

연습 5회차 STEP X : ☆ (별 하나 완성)

01 ~~여기서 달려. ○○○○ (연습 종료)~~ 익숙해진 문장은 줄 그어서 성취감을!!
02 ~~영어 공부하지 마. ○○○○ (연습 종료)~~ 줄 그어 두면 안 봐도 되니 시간도 절약되죠!
03 그에게 이거 주지 말자. ○/○○○
04 내가 영어 연습하도록 도와줘. ///○○
05 술 마시려고 그를 만나지 마! /○○○○ (연습 종료)
06 저거 사지 말자. /○○○○ (연습 종료)
07 춤추러 여기로 떠나자. /○○○○ (연습 종료)
08 오늘 내 차 운전해. //○○/
09 그거 먹으려고 머물러 있지 마. ///○○
10 이거 먹으러 오지 마. //○○/

소요시간 : 12분

연습 6회차 STEP X : ★ (별 하나 완성) / ☆ (별 두 개째 그림)

01. ~~여기서 달려.~~ ○○○○ (연습 종료)
02. ~~영어 공부하지 마.~~ ○○○○ (연습 종료)
03. ~~그에게 이거 주지 말자.~~ ○/○○○○ (연습 종료)
04. 내가 영어 연습하도록 도와줘. ///○○○
05. ~~술 마시려고 그를 만나지 마!~~ /○○○○ (연습 종료)
06. ~~저거 사지 말자.~~ /○○○○ (연습 종료)
07. ~~춤추러 여기로 떠나자.~~ /○○○○ (연습 종료)
08. 오늘 내 차 운전해. //○○/○
09. 그거 먹으려고 머물러 있지 마. ///○○○
10. 이거 먹으러 오지 마. //○○/○

소요시간 : 8분

연습 7회차 STEP X : ★ (별 하나 완성) / ☆ (별 두 개째 그림)

01. ~~여기서 달려.~~ ○○○○ (연습 종료)
02. ~~영어 공부하지 마.~~ ○○○○ (연습 종료)
03. ~~그에게 이거 주지 말자.~~ ○/○○○○ (연습 종료)
04. 내가 영어 연습하도록 도와줘. ///○○○○ 종료!
05. ~~술 마시려고 그를 만나지 마!~~ /○○○○ (연습 종료)
06. ~~저거 사지 말자.~~ /○○○○ (연습 종료)
07. 춤추러 여기로 떠나자. /○○○○ (연습 종료)
08. 오늘 내 차 운전해. //○○/○○ 조금만 더 연습!
09. 그거 먹으려고 머물러 있지 마. ///○○○○ 종료!
10. 이거 먹으러 오지 마. //○○/○○ 조금만 더 연습!

소요시간 : 5분

예시지만, 7회차 연습에 들어가니 처음에 어려웠던 문장에 익숙해져서 연습하지 않아도 되게 됐지요? 여전히 연습이 필요한 문장들만 연습하면 시간도 줄고, 또 그 문장은 틀리는 이유가 뭘까 생각해서 더 연습하면 다음엔 나아질 거예요!

상세히 설명했지만 번거로워 그런지 대부분 직접 확인할 때까지 잘 안 하는 부분이에요. 별표 학습법을 사용하지 않고 그냥 반복 훈련을 하면 이미 잘하는 부분만 하거나 반복하는 경우가 많아요. 잘 모르는 부분을 더 연습하는 게 관건입니다. 우리 인생도 마찬가지죠. 이미 할 줄 아는 걸 연습해서는 얻는 것이 없지요. 매일 밤 내가 실수하고 잘못한 부분을 확인하고 다음 날 훈련해야 나아지잖아요?

수진이 계획법
시스템을 만드세요!

제가 성인이 되어 영어를 시작하고, 6개월 만에 잘 못하는 상태에서 가르치기를 시작해서 진짜 영어가 늘기까지 한 비법, 같이 연습한 학생들도 정말 영어 말문이 트이고 자기 생각을 표현하게 된 비법 중 하나는 '시스템화'예요. 시간관리와 학습법책들을 각 100권 넘게 보면서 '계획하기'의 중요성을 수차례 깨달았고, 성공한 사람들의 책 역시 100여권 넘게 읽으면서 '시스템화'의 중요성을 깨달았지요. 나를 '할 수밖에' 없는 상태로 몰아넣는 거예요. 배수진

- a dream written down with a date becomes a goal
  - ▶ 꿈 / 적힌 / 날짜와 / 된다 목표가

- a goal broken down becomes a plan
  - ▶ 목표 / 나뉘어진 / 된다 계획이

- a plan backed by action makes your dream come true
  - ▶ 계획 / 실행에 옮긴 / 만든다 너의 꿈을 실제로

이지요.

배수진(背水陣)이란, '물을 등지고 친 진'이라는 뜻이에요. 진(陣)이란 군사를 배치해 놓는 것을 말해요. 앞에는 적이 있고 뒤에는 강이 있으니, 물에 빠져 죽지 않으려면 무조건 앞으로 돌격해나가야 하죠. 목숨을 걸고 어떤 일에 임하는 것을 말합니다.

많은 경우에 꿈을 이루지 못하는 이유는 막연히 '~을 하고 싶다' 생각만 하기 때문이에요. 영어를 예로 들면 '영어로 말을 하고 싶다' 생각만 말고, '영어로 말을 하고 싶으니, 이 책을 하루에 1STEP씩 30일을 연습해야겠다' 식으로 **구체적 계획으로 '나누어야'** 합니다. 그리고 그 계획대로 실천하면 **'영어로 말을 하는 꿈'**이 이루어지는 거죠. (목표를 잘게 나누어 계획하는 방법'에 대해 수년째 생각해오고 있어요. 이걸 얼마나 잘하느냐가 정말 중요하더라고요. 인생에서 꼭 배워야 할 기술이고요.)

여기서 한 가지 비법을 더 나눌게요. 계획까지 했는데도 잘 안 되는 경우가 있죠? **'안 해도 되기'** 때문(안 해도 괜찮기 때문)입니다. **'안 하면 안 되게'** 만들어야죠. 배수진을 쳐야죠! '매일 30분씩 하자!' 계획하더라도, 그건 일단 그 날의 본인 마음인 거지 며칠 지나면 마음도 달라져서 지키기 쉽지 않죠. 그래서 필요한 것이 상벌을 넣는 거예요. 채찍과 당근! '하루 30분씩 영어 말하기를 30일간 매일 연습하면 상으로 ○○만 원짜리 그 옷을 산다! 못해내면 내가 좋아하는 인형을 내가 싫어하는 친구 ○○에게 준다' 식으로요. 중요한 점은 정말로 상벌이 될 만한 것으로 정하는 거예요. 예를 들어 벌로 '친구에게 천 원 주기'를 정하면, 하다가 잘 안 되면 그냥 천 원을 주고 말 거니까요.

정말 좋은 당근으로 유도하거나, 정말 싫은 채찍으로 몰아가야 합니다. 상이나 벌을 정하곤 아예 지인들이랑 인터넷에 선언해버리세요. 못빠져나가게요. 배수진이라고요. 물을 뒤에 두고 진을 치는 거에요. 적군과 맞서지 않으면 물에 빠져 죽는 것, '못해내면 죽는다!!' 이런 마음으로 해나가는 거죠. 물론 목표는 '본인이 원하는 것을 하게끔 만드는 것'이지 벌을 받는 게 아닙니다. 이런 식으로 할 수밖에 없는 시스템 안에 뛰어들기 싫다면, 배수진을 치기 싫다면 아직 간절함이 부족하다고 인정해야 하지 않을까요?

우리 모두는 결국 죽는데, 원하는 목표물 앞에서 자꾸 도망만 친다면 결국 죽기 전까지 뭘 해낼 수 있을까? 생각해보는 것도 좋을 거 같네요. 영어책인데 너무 심각한 거 같나요? 전 진지합니다. 여러분들이 원하는 것을 해내면서 성취감을 느끼고 진짜 행복을 느끼는 법에 대해 얘기하는 중이에요. 죽는 것만 두려워 말고, 죽을 때까지 충분히 도전하지 않고 최선을 다해 살지 않는 것, 죽을 때 후회하는 삶을 사는 것, 내가 원하는 것을 해내지 못한 것, 남과 세상에게 도움되는 일을 하지 못하고 나만을 위해 사는 것을 두려워해야 하지 않을까요?

돌아와서, 이 **'수진이 계획법'**을 정리하자면, (수진이=배수진 ☺)

> **1** 하고 싶은 것 정하기
>
> **2** **1** 을 해내기 위한 세부 계획을 최종 기한을 정해 짜기
>
> **3** 상벌 정하기

이렇게 되겠고, 실제 예시를 들어보자면,

> **1** 영어 말문을 터서 내 일상 정도를 영어로 말하기 : 『100단어 영어회화의 기적』 100시간 연습.
>
> **2** 201_년 _월 _일까지 시작. 201_년 _월 _일까지 이 책을 총 ○회 연습하기.
> - **01** 대게 20번 반복하기 전에 마스터됩니다.
> - **02** 달리 말하면 5~10번도 반복하지 않고 포기하면 안 된다는 뜻이에요!
> - **03** 별표 학습법에 설명해 놨지만 틀린 부분만 반복하면 되니 시간은 점점 줄어듭니다.
> - **04** 총 0회 반복 연습하기 위해 필요한 시간 계산도 해두어야 해요.
>   - ▶ 예 : 한 챕터에 30분이 걸리므로, 하루 1시간 연습하면 하루 두 챕터 가능.
>
> 주 6일이면 12챕터, 4주에 48챕터 연습가능
>
> **3** 상 : 여행가기, 사고 싶었던 것 사기 등…….
> 벌 : 좋아하는 물건을 싫어하는 이에게 주기, 한 달간 휴대폰 친구에게 맡겨 두기.
>
> 목표 달성 팀을 만들어서 100만 원씩 내고 1, 2, 3위에게 몰아주기 등…….

이런 식이 되겠죠. 계획하는 걸 미루지 말고, 지금 바로 해보세요. 목표 기한을 정했으면 달력과 휴대폰에도 표시해두고요.

이런 식의 계획법을 실천해본 적이 없다면 '이거 정말 좋겠다!' '아, 이렇게 계획 짜는 거구나' 생각하는 분부터 '아우 부담스러워, 어렵겠다' 생각하는 분

일	월	화	수	목	금	토
		1	2	3	4	5
6	7	8	9	10	11	12
13	14	15	16	16	17	18
19	20	21	22	23 『100단어 영어회화의 기적』 완수!! 상 ○○ 벌 ○○	24	25
26	27	27	28	29	30	31

3월 24일 시작!! 4월 23일 완수!!

까지 있을 거예요. 위에서 말했지만, 이렇게 계획을 짜는 이유는 목표한 것을 해내어 성취감도 얻고 성장하며 행복을 느끼기 위해서이지, 스트레스를 받고 고통을 겪기 위함이 아니니까요. 부담스럽다면 조금 쉽게 목표를 나누어 해보면 됩니다. 목표를 성취하지 못하는 이유 중 하나는, 계획할 때 실천해야 할 부분을 너무 크게 잡아놓기 때문이기도 하거든요. 본인의 상태에 맞게 잡아나가면서 서서히 끌어올리면 됩니다.

계획 짜는 법에 대해 더 배워보고 싶다 하는 분은 아래 내용까지 읽어보고, 약간 버거운 분은 일단 넘어가거나 잠시 쉬었다가 다시 읽어보세요. 다음 내용까지 실천하면 거의 완벽한 계획법이 되거든요.

바로 하루 시간 계획이지요. 위에서 '몇 월 몇 일까지 무엇을 해내겠다'라고 계획했지만 '하루 중 언제 해내겠다'까진 정하지 않았잖아요. 여러분 각자

T		참고
06 : 00 a.m	기상, 체조	ES : English Speaking
	ES	EL : English Listening
07 : 00 a.m	출근 준비 중 EL	EX : Exercise (운동)
	출근 R	출근R : 출근 중 Reading
08 : 00 a.m		
	근무	
	낮 생략	
08 : 00 p.m	퇴근 (자유 시간 or R)	
09 : 00 p.m		
	ES 복습	
10 : 00 p.m	자유	
총	E : 1.5시간 (아침 + 저녁) R : 30분~1시간	

하루 생활 패턴에 맞게 계획하되, 되도록 앞쪽 시간에 배치하는 게 좋고, 쉬는 시간 전에 배치하는 게 좋아요. 나중에 익숙해져서 더 어려운 일들도 많이 하게 되면 '영어'쯤이야 어려운 일 한 뒤에 할 수 있지만 처음엔 그게 아니니까요. 시험공부를 해야 하는데 평소 안 하던 독서나 청소를 열심히 했던 경험 있지요? '어렵기 때문에 자꾸 미루게 된다'는 걸 명심하며 영어를 먼저 하고 식사를 한다든지, 영어를 먼저 하고 TV를 본다든지 이렇게 시간 배치를 해야 합니다. 보통은 '밥 먹고 영어 해야지' 'TV 좀 보다가 영어 해야지' 하다가 계속 쉬게 되잖아요.

　보통 직장인이라면 일찍 일어나 출근 전 집에서나, 출근길, 일찍 출근하여 근무 시작 전, 점심시간 전후나 퇴근 시간 전후 정도가 좋겠죠. 각자의 생활 패턴에 맞게 하루 중 '몇 시부터 언제까지'를 정하시면 됩니다. (얼마 분량을 연습할지는 위에서 이미 계획했죠?) 다시 말하지만, 처음 이런 작업을 하는 분은 부담 없게 하루 목표 중 영어 연습하기 한 가지 정도만 계획표에 넣으면 됩니다. 익숙해지면 여러 가지 목표를 잡고 해나가면 돼요. 일주일을 체계적으로 관리할 수 있는 표를 만들어두었어요.

꿈행부기 카페(http://cafe.naver.com/wwmaker/6003)에 원본 파일이 있으니 다운로드 받아 세부 시간과 계획을 수정해 사용하면 됩니다. 카페에 이미 실천해 본 분들의 사용후기가 있으니 참고해보세요. 직접 만나서 얘기를 들어보면 더 좋을 거고요. 이런 계획법에 맞게 이 말문 트기 훈련을 하루 1시간 목표로 50~100시간(한두 달) 하면 영어로 말을 할 수 있단 게 느껴질 겁니다!

- **DAY**마다 먼저 한국어 예문(오른쪽 면)이 나와 있어요. 그 한국어 예문을 보고 영어로 말해본 뒤 영어 예문(왼쪽 면)을 보면서 자신이 만들어 말한 내용을 확인하고 소리 내어 말하며 한 번 더 연습하면 돼요.

- **STEP** 2부터는 심화 과정이니 먼저 **STEP** 1만 해보고 잘되면 다음 **STEP**을 연습하면 됩니다. 예를 들어 수학 문제집을 보면 1과, 2과 진도대로 나가되, 각 과의 뒷부분에 심화 과정이 있는 걸 생각하면 돼요.

- **DAY**마다 상단에 연습 시간을 체크해서 적도록 해 놨어요. 시간 체크하면서 훈련하면 더 집중도 되고, 연습을 반복할 때마다 걸리는 시간이 줄어드는 것을 보며 성취감을 느낄 수 있어요.

- 상황을 넣은 이유는 '언어훈련에는 상황(situation)이 있어야 하기 때문'이에요. 그냥 책 읽듯이 소리만 내더라도 기존의 눈으로만 학습하는 것보단 낫지만 상황을 생각하며 연기하듯 말해야 영어가 더 빨리 늡니다. 일일이 외국인과 연습할 수 없는 상황에서 최선의 방법이에요.

- 종종 '연기를 어떻게 할지 모르겠다'는 분이 있는데 우리가 전문적으로 연기를 배우는 건 아니니까 아이들이 동화책에 빠져서 신나게 읽듯, 아이들에게 동화책을 재미나게 읽어주듯 하면 돼요.

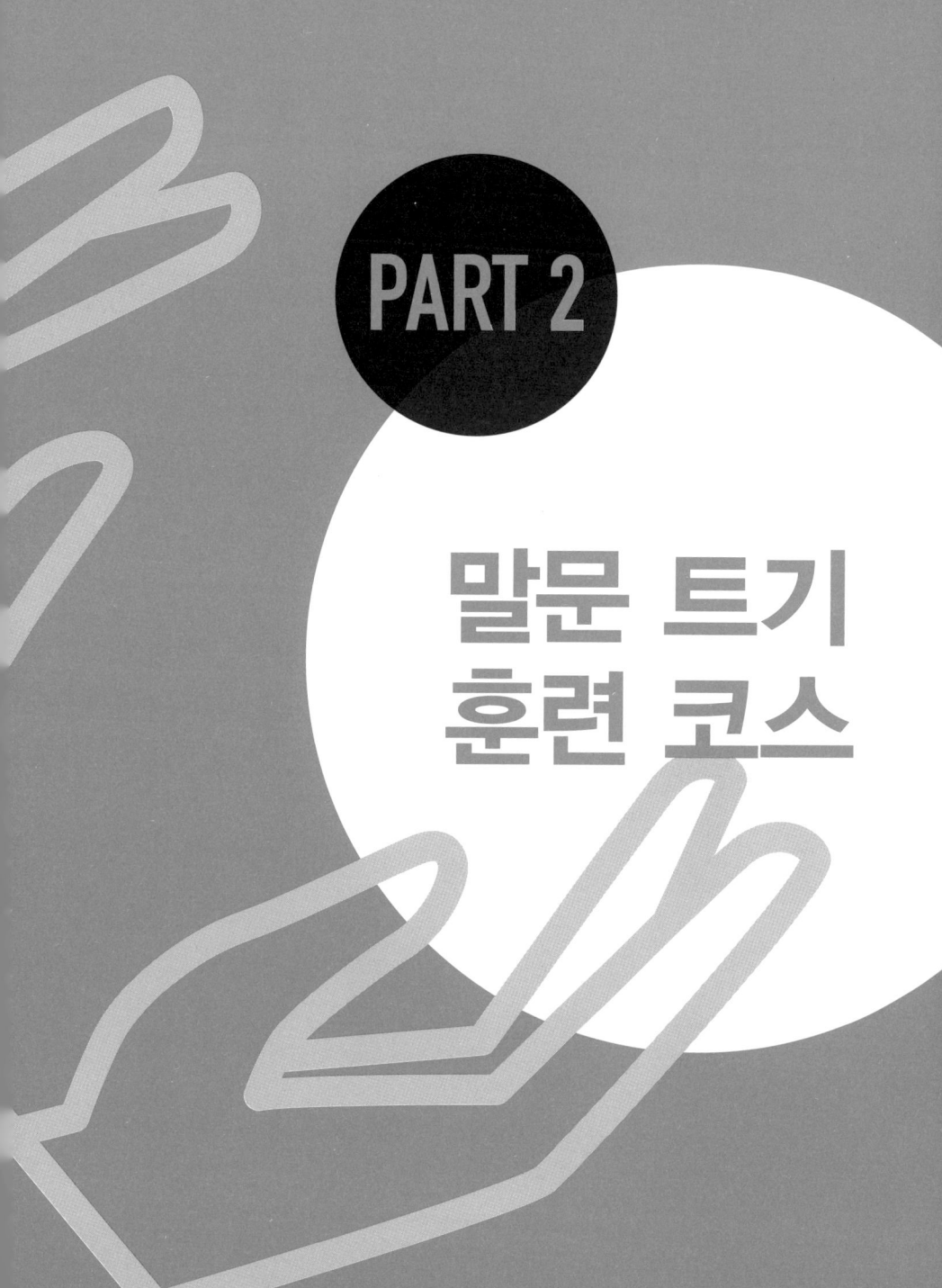

DAY 1

Do

STEP 1 와 Come
STEP 2 그 의자에 앉아 Sit on the chair
필수 꿀팁 이제까지 영어가 안 됐던 이유

| 1회차 ⏱ 분 | 2회차 ⏱ 분 | 3회차 ⏱ 분 | 4회차 ⏱ 분 | 5회차 ⏱ 분 |

STEP 1  와 Come

- Do (~해, ~하지 마) • 기본형 : 동사원형 Do! Go! Come!
- 부정형 : Do not(Don't) + 동사원형
  Don't Do! Don't go! Don't come!

다음 우리말을 영어로 크게 말해보세요. 여러분이 교실에서 수업을 하는 선생님이라 상상하며 연습해보세요. 반드시 직접 생각해 말한 뒤 다음 장에서 확인하세요.

POINT

- 동사원형이 문장 맨 앞에 오면 명령어가 돼요. 명령어는 항상 너(너희)에게 하는 것이라 주어가 생략되어 있습니다. '(너)가라' '(너희들) 공부해' '(당신) 오세요' 이런 식이죠. 영어로 하면 (You)Go, (You)Study, (You)Come이 되겠고요. ① 해라, ② 하지 마라 두 형태뿐이라 정말 간단합니다.

- 03. '꺼내다'에 딱 맞는 영단어는 없고, take가 '뭔가 적극적으로 가지고 가다'의 뜻인데, 거기에 out을 붙여서 '바깥쪽으로 가지고 가다=꺼내다' 뉘앙스가 만들어집니다. take out 같은 말은 Take it(this, that) out. (O) / Take out it(this, that) (X)입니다. 대명사는 동사와 부사 사이에 넣어야 돼요. 반면 Take the pen out, Take out the pen 같이, 명사는 중간에 넣거나, 뒤에 넣어도 돼요.

01	와.
02	앉아.
03	(너의 책) 꺼내세요. → 너의 책을 꺼내.
04	(너의 책) 펼쳐. → 너의 책을 펼쳐.
05	읽어.
06	적어.
07	집중해.
08	생각해.
09	배워.
10	까먹지 마.
11	떠들지 마.
12	춤추지 마.
13	먹지 마.
14	잠자지 마.
15	(그거) 하지 마.
16	일어서.
17	나가.

| 1회차 ⏱ 분 | 2회차 ⏱ 분 | 3회차 ⏱ 분 | 4회차 ⏱ 분 | 5회차 ⏱ 분 |

STEP 1   와 Come

- Do (~해, ~하지 마)
- 기본형 : 동사원형 Do! Go! Come!
- 부정형 : Do not(Don't) + 동사원형
  Don't Do! Don't go! Don't come!

앞에서 말한 내용을 확인한 후 다시 한 번 반복해보세요. 암기가 아니라 통역 연습입니다.

- 동사 do와 조동사 do를 헷갈려들 하는데요. (don't는 조동사 do와 not(부정)을 합친 것)
  명령 Go / Eat
  부정 명령 Don't go / Don't eat
  동사 앞에 조동사 do와 not을 놓은 거예요. 앞의 do는 동사가 아니에요.
  (don't do=do not do ① do not ② do에서 ① do는 조동사 ② do가 동사)

- 기본 동사표(30p)의 동사들을 가지고 한국어를 보면 바로 영어로 말할 수 있게 명령형 / 부정명령형을 충분히 연습하세요.

01	Come.
02	Sit.
03	Take your book out.
04	Open your book.
05	Read.
06	Write.
07	Focus.
08	Think.
09	Learn.
10	Don't forget.
11	Don't chat.
12	Don't dance.
13	Don't eat.
14	Don't sleep.
15	Don't do it.
16	Stand.
17	Go out.

| 1회차 ⏱ 분 | 2회차 ⏱ 분 | 3회차 ⏱ 분 | 4회차 ⏱ 분 | 5회차 ⏱ 분 |

STEP 2   그 의자에 앉아 Sit on the chair

- Do + 말문 늘리기
- 말문 트기 비법 3-1 : '→' 동사 중 자동사와 타동사

말로 하기 어려우면 적어보고 꼭 소리 내어 연습하세요.

01	그 의자를 앉아. (X) → 그 의자에 앉아. (O)
02	그를 집중해. (X) → 그에게 집중해. (O)
03	그녀를 가. (X) → 그녀에게 가. (O)
04	나를 일해. (X) → 나와 함께 일해. (O)
05	나를 기다려.
06	그들을 생각해라.
07	그 음악을 들어.
08	그 고양이를 먹어.
09	그 고양이와 먹어.
10	그녀를 결혼해. (한국어론 보통 '그녀와 결혼해'라고 하죠?)
11	이거 적어.
12	이거 먹지 마.
13	저거 마시지 마.
14	영어를 말해라.
15	한국어로 말하지 마세요.
16	나를 이끄세요.
17	네 인생을 낭비하지 마.
18	나 밀지 마.
19	작은 꿈들을 꾸지 마요.
20	내게 그 책을 주세요.

| 1회차 ⏱ 분 | 2회차 ⏱ 분 | 3회차 ⏱ 분 | 4회차 ⏱ 분 | 5회차 ⏱ 분 |

STEP 2   그 의자에 앉아 Sit on the chair

- Do + 말문 늘리기
- 말문 트기 비법 3-1 : '→' 동사 중 자동사와 타동사

동사 하나로 된 문장에서 조금 말을 늘려보는 연습!

01	Sit the chair. (x) ➜ Sit on the chair. (o)
02	Focus him. (x) ➜ Focus on him. (o)
03	Go her. (x) ➜ Go to her. (o)
04	Work me. (x) ➜ Work with me. (o)
05	Wait me. (x). ➜ Wait for me. (o)
06	Think them. (x) ➜ Think of them. (o)
07	Listen the music. (x) ➜ Listen to the music. (o)
08	Eat the cat. (뜻은 이상하지만 가능한 형태)
09	Eat with the cat.
10	Marry her.
11	Write this.
12	Don't eat this.
13	Don't drink that.
14	Speak English.
15	Don't speak Korean.
16	Lead me.
17	Don't waste your life.
18	Don't push me.
19	Don't dream small dreams.
20	Give me the book. (Give the book to me.)

POINT

- 01~04. 한국어와 영어가 모두 어색하죠. 이런 식으로 주어 자체에 → 를 하는 게 자동사예요. 동사의 대상이 주어 자체예요. 이런 자동사를 쓰고 명사를 데려오려면 '전치사'라는 게 필요합니다.

- 05~07. 한국어만 봐선 문제없어 보이는데 영어에선 자동사들이라 명사를 바로 붙이면 좀 이상해집니다. 저도 아직 명쾌한 이해법을 찾지 못해서, 이런 건 그냥 몇 개 외워두기로 하죠. 😊

- 08~09. 기억하기 쉽게 좀 파격적인 예문을 들었어요. 자/타동사로 둘 다 가능한 경우가 있어요. **eat**, **cook**, **study** 이런 동사들이 그렇습니다. **study this cafe** : 공부(연구)해 이 카페를, **study in this cafe** : 공부해 / 이 카페 안에서, 이렇게도 되거든요. 그냥 외우지 말고 단어를 바꿔가며 응용해보세요. 언제 어색하고 안 어색한지 직접 해보면 좋아요.

- 10. **marry**는 타동사예요. 대상이 있어야 가능한 동사예요.

- 19. 꿈을 크게 가지란 뜻이에요. 전치사 중 어떤 것을 써야 하는지에 대해선 뒤에서 더 다룹니다.

- 11~20. 한국어와 영어 모두 괜찮죠? 정상적인 타동사 쓰임입니다. 다른 대상이 있어야 하는 '→' 동사입니다.

이제까지
영어가 안 됐던 이유

어릴 때를 되돌아보면 조기영어부터 시작해 초, 중, 고를 거치면서 시험을 위해 영어 학원에 시간과 돈을 무수히 뿌리고, 대학생이 되어서도 토익, 토플, 어학연수에, 직장인이 되어서도 영어의 굴레에서 벗어날 수 없는데요. 이렇게 전 국민이 영어에 막대한 투자를 함에도 불구하고 우리나라 사람들은 아직도 외국인을 만나면 "How are you?", "I'm fine, and you?"에서 벗어나지 못하는 이유가 뭘까요? 한 개라도 속한다면 자신의 영어 학습방식을 점검해볼 때입니다.

1. 영어의 이론을 눈으로 공부만 했다

이건 마치 운전을 하고 싶은데, 운전대 한 번 잡지 않고 면허 시험 공부만 한 경우과 같아요.

2. 남이 영어로 말하는 걸 보기만 했다

내가 몸짱이 되려면 당장 운동을 해야죠. 남이 운동하는 거 보면 내 근육이 커지나요? 선생님이 영어로 말하는 거 많이 듣고만 있으면 자신의 영어 실력이 늘까요? 지금도 대부분의 영어 수업에선 영어 선생님만 주로 영어를 합니다. 돈은 우리가 내고 선생님이 영어를 훈련

합니다. 헬스장에 다닐 때 학원수업료를 내고, 트레이너가 열심히 운동하는 걸 보기만 하고 내가 운동했다고 착각하는 상황과 같아요. 아시다시피 내 몸은 좋아질 리가 없죠.

3. 잘못된 학습법을 만났다

위의 내용을 깨달은 이들이 아직 적어서, 잘못된 학습법이 많습니다. '영어의 이론을 A방식으로 공부하자, B방식으로 공부하자' 이런 건 쓸데없는 짓이에요. 이론에 대해 어떤 방식으로 공부한들 영어 실력은 늘지 않아요. 지금도 수십만 명의 중고생들이 이상한 영어 이론들을 밤새워 공부하고 있습니다. 대학생들도 시험 영어로 계속 토익 문법을 암기하죠. 실컷 영어 공부하느라 고생하고 나서도 놀랍게도 영어를 전혀 못하는 사람이 됩니다. 우리나라 영어 공부 변천사를 보면 왜 이렇게 수많은 시행착오를 거치고 있을까요? 이게 뭐하는 짓인지 가슴이 아픕니다. 불필요한 영어 이론은 어떻게 공부하건 결국 실제 영어 실력은 전혀 늘지 않아요.

지금까지 영어 공부 변천사

- **아직까지 현재 우리나라의 대부분 중고교와 영어 학원의 방식**
  ▶ 문법, 단어 암기하고 무조건 분석하고 '눈으로만' 공부합니다. 결과적으로 이상한 영어 지식만 반복학습하고 실제로 외국인을 만나 영어를 해보면 스피킹이 전혀 안 돼요.

- **80~90년대의 상황별 회화 표현 암기하거나 입으로 연습하는 방식**
  ▶ 열심히!!! 하다 보면 조금씩 말하기가 되나 노력 대비 효율이 너무 떨어집니다. 엄청난 노력파만이 성과를 낼 수 있는 방식이죠.

- **성인이 되기 전 미드, 영화, 팝송 등에 재미를 붙여 많이 듣고 따라하는 방식**
  ▶ 국내파 중 중고교 때 '진짜 영어'에 흥미 붙인 분들이 이런 식으로 영어를 익혀서 일반적인 한국인에 비해 영어 발음이 좋고 꽤 영어를 잘했습니다.

- **무작정 암기가 아닌 기본문 응용 변화 도입** (현재도 비슷한 방법이 많이 나옴)
  ▶ 영어가 될 거 같은 느낌이 들고 실제 조금씩 말문이 트인 경우가 종종 생겼어요.

- **기본문 틀을 체계화하고, 영어 어순 도입 학습법**
  ▶ 이 책의 방식인데요. 소리 내서 연습하면 대다수가 말문이 트입니다. 명심해야할 건 더 소리 크게 내고, 실제 영어 상황의 주인공처럼 연기를 하면서 체화해야 합니다.

- **영화, 영미인 음성을 어떻게 집중해서 듣고 따라 할 수 있는지 방법을 구체화하는 방식**
  ▶ 현재 이 책처럼 소수 영어 강의자들이 만들어가는 중입니다. 실제로 영어가 들리고 말이 늘게 될 확률이 높아요. 단순히 영어 발음이 문제가 아니라, 소리 자체가 다르므로 아직 소리에 대한 연구가 훨씬 진행되어야 합니다.

4. Yes or No를 질문하기보다 '얼마나 간절한지'를 스스로에게 물어라.

'영어를 잘하고 싶으세요?'

Yes / No 중에 **No**를 고르는 분은 많지 않을 거예요.

책을 많이 읽고 지혜롭고 싶으세요? 부자가 되어 성공하고 싶으세요? 대부분 분들은 그렇다고 하시겠지요. 문제는 '얼마나 간절한가?'입니다.

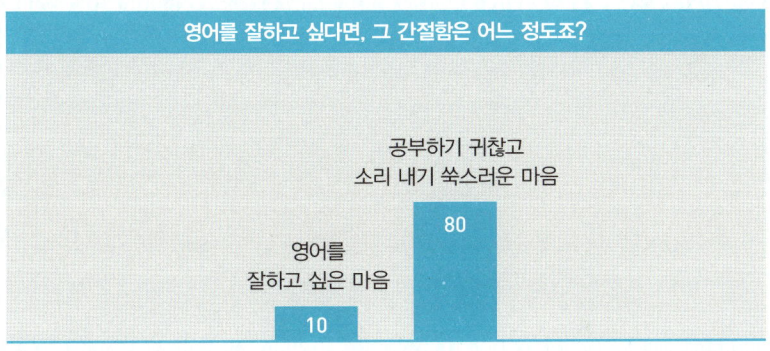

게임이나 TV, 스마트폰을 즐기나요? '휴식'이 아닌 킬링타임용으로 시간을 허비한다고 생각해보세요. 하루에 스마트폰 만지작거리면서 보내는 시간이 2~3시간인데 영어에는 1시간도 쓰지 않는다면, 영어를 위한 간절함은 딱 그 크기인 겁니다. 무언가를 위해 노력하고 대가를 지불할 마음이 부족한 거죠. 무엇인가를 원하면 대가 지불을 해야 합니다.

간절함이 부족하다고 생각하면, 자신이 원하는 것을 가졌을 때의 모습을 상상하거나 이미 목표를 이룬 사람들을 만나 얘기를 나눔으로 간절함을 키울 수 있습니다. 또한 왜 그것을 원하는지 그 이유를 찾아 보는 과정도 많은 도움이 되더라고요.

**Do the thing you fear
and the death of fear is certain.**

당신이 두려워하는 일을 하세요.
그럼 두려움이 사라질 겁니다.

DAY 2
Let's

STEP 1   그 문을 열자 Let's open the door
STEP 2   먹으러 가자 Let's go to eat
STEP 3   우리 갈까? Shall we go?
필수 꿀팁 영어 문제가 아니라
         할 말이 없는 게 문제라고?

| 1회차 ⏱ 분 | 2회차 ⏱ 분 | 3회차 ⏱ 분 | 4회차 ⏱ 분 | 5회차 ⏱ 분 |

STEP 1  그 문을 열자 Let's open the door

- Let's (~하자, ~하지 말자)
- 기본형 : Let's go / Let's not go

다음 우리말을 영어로 크게 말해보세요. 수업을 해본 학생들이 이제 스스로 참여하는 모습을 상상하고 말해보세요.

POINT

- '우리 ~하자' 형태입니다. 역시 ① ~하자, ② ~하지 말자 단순히 두 형태입니다. 우리에게 말하는 거라 한국어에서 자주 '우리'가 생략되는 것에 유의하세요. 기본 동사로 충분히 연습해서, 한국어를 보면 바로 영어로 말할 수 있게 합니다.

- 말문 트기 비법 1(4변형)을 익히는 데 주력하면 돼요. 예를 들면 말을 반대로 해서도 연습해보는 겁니다.
  예〉 ① 그 문 열지 말자.
  ② 들어가지 말자.
  ③ 앉지 말자.
  ④ 책 꺼내지 말자.
  ⑤ 책 읽지 말자.

01	그 문을 열자.
02	들어가자.
03	앉자.
04	우리의 책을 꺼내자.
05	책을 펼치자.
06	책을 읽자.
07	적자.
08	집중하자.
09	생각하자.
10	떠들지 말자.
11	답을 보지 말자.
12	잠자지 말자.
13	잊지 말자.
14	포기하지 말자.
15	일어나자.
16	집에 가자.
17	우리의 숙제를 하자.

| 1회차 ⏱ 분 | 2회차 ⏱ 분 | 3회차 ⏱ 분 | 4회차 ⏱ 분 | 5회차 ⏱ 분 |

STEP 1   그 문을 열자 Let's open the door

- Let's (~하자, ~하지 말자)
- 기본형 : Let's go / Let's not go

순서대로 외우는 게 아니고, 한국어를 보고 그에 맞는 영어를 '생각'하는 훈련이에요.

● 불량 학생 연기가 되겠죠?😊 이 야기 만드느라 노력했으니 꼭 연기하며 연습하세요.

정답은 ① **Let's** 동사 형태를 ② **Let's not** 동사 형태로만 바꾸면 되므로 따로 안 알려드릴 게요.

● 15. **get**은 **receive**(얻다) 정도의 뜻이에요. 그래서 'up 상태를 얻어라' 정도가 됩니다. **stand**는 뜻 자체가 '일어나라'예요. 일어나는데 **up**(위로) 일어나란 거죠. **up**은 그냥 동사의 모양을 꾸며 주고 있습니다.

01	Let's open the door.
02	Let's go in.
03	Let's sit.
04	Let's take out our books.
05	Let's open the books.
06	Let's read.
07	Let's write.
08	Let's focus (on).
09	Let's think.
10	Let's not chat.
11	Let's not see the answer.
12	Let's not sleep.
13	Let's not forget.
14	Let's not give up.
15	Let's get up. / Let's stand up.
16	Let's go home.
17	Let's do our homework.

| 1회차 ⏱ 분 | 2회차 ⏱ 분 | 3회차 ⏱ 분 | 4회차 ⏱ 분 | 5회차 ⏱ 분 |

STEP 2 먹으러 가자 Let's go to eat

- Let's + 말문 늘리기
- 말문 트기 비법 3-3 : 동사를 데려올 땐 to!

심화 과정이에요. 어려우면 일단 넘어가세요.

01	(우리) 먹으러 가자.
02	공부하게 잠자지 말자.
03	성장하게 꿈꾸자.
04	담배 피려고 멈추지 말자.
05	운동하게 걷자.
06	우리의 에너지를 아끼게 우리 뛰지 말자.
07	그거 하려고 해보자.
08	생각하게 멈추자.
09	그거 하도록 계획하자.
10	춤추러 가지 말자.

| 1회차 ⏱ 분 | 2회차 ⏱ 분 | 3회차 ⏱ 분 | 4회차 ⏱ 분 | 5회차 ⏱ 분 |

STEP 2 　먹으러 가자 Let's go to eat

- Let's + 말문 늘리기
- 말문 트기 비법 3-3 : 동사를 데려올 땐 to!

어순 늘리기 비법을 잘 익히면 말을 길게 할 수 있어요!

01	Let's go to eat.
02	Let's not sleep to study.
03	Let's dream to grow.
04	Let's not stop to smoke.
05	Let's walk to exercise.
06	Let's not run to save our energy.
07	Let's try to do it.
08	Let's stop to think.
09	Let's plan to do it.
10	Let's not go to dance.

POINT
- '내가 이렇게 영어 연습하다 연기자 되는 거 아냐?' 할 정도로 오버해서 연기하며 말하세요!
- 언어 학습, 강의를 해오면서 도움 됐던 문구 중 손꼽는 좋은 말이에요. 😊

| 1회차 ⏱ 분 | 2회차 ⏱ 분 | 3회차 ⏱ 분 | 4회차 ⏱ 분 | 5회차 ⏱ 분 |

STEP 3 　우리 갈까? Shall we go?

- Let's & Shall we? (~하자 & ~할까?)
- 기본형 : Shall we go / Shall not we go

한번 영어로 말해보세요. 안 어려워요. ☺

01	우리 갈까?
02	우리 먹지 말까?
03	우리 해볼까?
04	우리 계획하지 말까?
05	우리 운동할까?
06	우리 만날까?
07	우리 걸을까?
08	우리 운전하지 말까?
09	우리 수영하지 말까?
10	우리 연습하지 말까?

87

| 1회차 ⏱ 분 | 2회차 ⏱ 분 | 3회차 ⏱ 분 | 4회차 ⏱ 분 | 5회차 ⏱ 분 |

STEP 3　우리 갈까? Shall we go?

- Let's & Shall we? (~하자 & ~할까?)
- 기본형 : Shall we go / Shall not we go

연기하듯 소리 내고 있죠?

01	Shall we go?
02	Shall not we eat?
03	Shall we do?
04	Shall not we plan?
05	Shall we exercise?
06	Shall we meet?
07	Shall we walk?
08	Shall not we drive?
09	Shall not we swim?
10	Shall not we practice?

POINT

- **Shall we dance?** 이 문장 많이 들어보셨죠? 뒤에 동사만 바꾸면 응용이 돼요. 정말 간단한 건데도 한국인들은 대부분 안 해봤어요. 그래서 '우리 내일 어디서 만날까?' 이런 말도 영어로 못하는 거예요. 이 책으로 훈련해서 꼭 말문 트세요!

- **Shall we go?**에 대한 답은 **Yes, let's go** / **No, let's not go** 식으로 하면 돼요. 01~10번 문장으로 대답까지 모두 꼭 연습해보세요.

영어 문제가 아니라
할 말이 없는 게 문제라고?

처음 영어를 연습하기 시작하면서 많은 고민을 했어요. 그리고 제가 별로 생각을 하지 않고 살아왔단 사실도 깨달았던 터라 자꾸 '왜?', '어떻게?'에 대해 생각했었죠. 요즘도 학생들을 지도하다 보면 매번 느끼고 다시 생각하게 되는 부분이에요. 우리나라 사람들은 이미 영단어를 충분히 알고 있음에도 영어로 말을 못 하기도 하고, 무엇보다 말을 할 때 중요한 이야깃거리(콘텐츠)도 많이 부족합니다.

이 책을 읽는 여러분은 아닐 수도 있겠지만 제 경우나 제가 접해 온 많은 분들의 경우는 그랬습니다. 당장 외국인을 만나면 할 말이 없을 때가 많아요. 처음에는 영어만이 문제라고 생각했는데, 사실은 우리말로도 정리가 안 되는 경우가 많더라고요. 예를 하나 들어보죠.

🅐 What is your hobby? 네 취미는 뭐야?

🅑 My hobby is reading! 내 취미는 독서야!

🅐 Oh, you like reading?! Who is your favorite writer? Why?
오, 너 책 읽기를 좋아하는구나?! 가장 좋아하는 작가가 누구니? 왜 좋아하니?

> B My favorite writer……? Um…… um…… let me think…….
> 내가 가장 좋아하는 작가……? 음…… 음…… 생각 좀 해보고…….

취미가 뭐냐는 질문에 '독서야'라고 말은 했는데, '좋아하는 작가가 누구고 왜 좋아하니?'라는 질문에 답을 못 한다면? 특별히 좋아하는 작가가 누구인지 관심이 없었을 수도 있고, 왜 그 작가를 좋아하는지 평소에 깊게 생각해보지 않았을 수도 있어요. 좋아하는 이유는 다양합니다. 나와 성향이 비슷하거나 내가 바라던 바를 말해주고 있거나 그 작가의 내용 전개 방식이 맘에 들어서일 수도 있어요. 이런 점들에 대해 평소 생각해보지 않았다면 당연히 한국어로든 영어로든 말을 못 하게 되는 거죠. 생각이 없으니까요.

'Why do you want to work here?'(왜 너는 여기서 일하고 싶어요?)라는 질문에 '그냥 돈이 필요해서요' '그냥 친구가 이 회사가 좋다고 해서요' '어렸을 적 ○○○이 되고 싶었어요' 정도까지만 영어로 말할 수 있다면요? 'Let me introduce myself…….'라고 하고 나서 '이름, 나이, 사는 곳' 정도를 말하고 나서 할 말이 없다면? 이런 것들은 영어 문제가 아니라 평소 자신에 대해 생각이 부족하단 말이에요. 자신을 잘 모른다는 거죠.

또한 처음 보는 외국인과 대화에서 '어디에서 왔어요?'나 '한국에 왜 왔어요?' 정도를 묻고 나면 할 말이 없을 때가 있어요. 이건 꼭 외국인이랑 대화가 어려운 게 아니라 낯선 이와의 대화를 풀어가는 법을 모르는 경우가 많아요. 맨날 익숙한 친구, 동료만 만나고 새로운 인맥을 만들지 않고 있는 분이라면 당연히 낯선 외국인과의 대화가 힘들 겁니다. '소개팅에 나가면 뭘 말해야 할지 모르겠어요' 이런 것과 같은 이야기예요. 저 역시 한국의 역사, 관광지 등에 대해 설명해야 할 때에서야 '아⋯⋯ 내 나라에 대해 내가 잘 모르는구나!' 하고 깨달았습니다.

그동안 한국인들은 영어가 왜 안 되는지 생각해보지 않고 쓸데없는 문법만 외우고, 모범 답안이라고 나와 있는 유용한 표현과 남의 생각을 알려주는 대로 무작정, 무식하게 외운 거죠. 자기 생각을 하지도 않았고, 말해보지도 않았어요. 스스로 자기가 관심 가는 분야를 찾아서 책을 읽거나 사람을 만나지도 않으니 자기만의 콘텐츠가 있기는커녕 뭘 좋아하는지 뭘 하며 살고 싶은지에 대한 나만의 개성 있는 콘텐츠가 없는 거죠. only one이 아닌 one of them, 그냥 남들과 똑같은 '나'일 뿐인 겁니다.

그래서 영어로 말이 잘 안 될 땐 아는 단어가 적은 건지, 아는 단어도 말을 안 해서 어색한 건지 등을 파악해 '영어 실력' 자체가 부족한지 다시 확인해보세요. 또한 콘텐츠와 대화 기술이 부족한지, 아니면 진짜로 할 말은 있는데 어떻게 영어로 표현할지를 모르는지, 낯을 가리는지 등을 잘 파악해야 영어 실력이 더 월등하게 늘게 됩니다. 제 경우 영어로 말이 끊어질 때는 한국말로 먼저 말해봐요. 한국말로 먼저 말해보고 생각이 정리되고 나면 다시 영어로 말해보며 연습했죠. 하루 1~2시간 이상 책을 읽고 1~2시간 이상 걸어 다니면서 연습을 하니 건강에도 도움이 되고, 영어 말하기 실력과 더불어 가장 중요한 저만의 생각이 늘었습니다. 기존의 영어 학습이 단순히 영어 표현, 문법만 암기했다면 이 책에서는 스스로 말을 만드는 법을 훈련합니다. '스스로 영어 문장을 만드는 능력!' 한국인에게 반드시 필요한 부분이고, 또 이 책을 쓴 목적입니다!

영어 자체로 받아들여야 실력이 는다

우리나라 사람들은 영어를 접할 때 깔끔하고 완벽한 한국어로 자꾸 번역하려는 습관이 있어요. 왜냐면 계속 그렇게 배워왔거든요. 문제는 한 언어와 다른 언어 간에 일대일 대응이 일일이 되지 않는다는 거예요. 우리말에서는 '새해 복 많이 받으세요'라고 하지만 그걸 영어로 직역해서 'Receive many luckies'라고 해버리면 좀 이상하죠. 간단한 개념의 단어일 땐 괜찮은데 그렇지 않은 경우가 무수히 많아요. 결국 외국어를 배울 땐 그 외국어 개념, 문화 자체를 먼저 알아야 합니다. 이걸 진짜 이해하기까지 시간이 걸릴 거예요. 저도 그랬거든요. '안녕하세요', '안녕하신가?', '안녕하쇼?'가 각각 영어로 뭘까에 대해 몇 달간 찾아봤어요. 답이 뭐냐고요? 'Hey! How are you?', 'Are you OK?' 부터 'Go away!'(말은 '안녕하세요'지만 상황에 따라 인사가 아니라 '너 지겨우니까 그만 와라' 이렇게 될 수도 있잖아요?)까지 상황마다 다릅니다.

사실 단어 하나하나를 다른 언어로 바꾸기보다 그 상황을 다른 언어로 표현하는 게 맞아요. 이걸 깨닫는다면 사실 한영, 영한사전도 한계가 분명 있다는 사실을 알게 될 거예요. 물론 언어를 학습하면서 참고용으로는 큰 도움이 됩니다. 이 책의 본문에 'have'는 '가지다'라고 나오면 '일대일로 정확히 맞출 순 없지만 그 정도의 느낌이 된다'라고 생각해두세요. 이 책에서 처음에 우리말을 영어로 바꾸게 하는 훈련을 하는 이유는, 한국인들이 그간 해온 학습법을 활용하기 위해서예요. 점점 영어 자체로 익혀야 실력이 제대로 늡니다.

DAY 3
Can

STEP 1 나 들어가도 돼요? Can I come in?
STEP 2 내가 1,000원에 이거 살 수 있나요?
        Can I buy this at 1,000 won?
필수 꿀팁 잘못된 영어 학습법, 이젠 속지 말자

| 1회차 ⏰ 분 | 2회차 ⏰ 분 | 3회차 ⏰ 분 | 4회차 ⏰ 분 | 5회차 ⏰ 분 |

STEP 1 나 들어가도 돼요? Can I come in?

- Can (~할 수 있어)
- 기본형 : You can do / You can't do / Can you do? / Can't you do?

다음 우리말을 영어로 크게 말해보세요. 선생님과 학생이 대화하며 수업해나가는 모습을 상상하며 연습해보세요. 반드시 직접 생각해 말한 뒤 다음 장에서 확인하세요.

01 나 들어가도 돼요? / 그래, 너 들어와도 돼.
02 나 앉아도 돼요? / 그래, 너 앉아도 돼.
03 너는 너의 책을 펴도 돼.
04 네 친구 책 펼쳐줄 수 있어? / 네, 나는 펼칠 수 있어요.
05 너 그거 읽을 수 있니? / 네, 나는 이거 읽을 수 있어요.
06 너 집중 못해?
07 너 생각하고 배울 수 있어?
08 너 까먹으면 안 돼!
09 너네 떠들면 안 돼!
10 쟤네 여기서 춤춰도 되니? / 아뇨, 그들은 춤추면 안 돼요.
11 너넨 수업 후에 춤출 수 있어.
12 내가 지금 먹어도 되니? / 나는 지금 먹으면 안 돼.
13 그리고 너네도 지금 먹으면 안 돼.
14 내가 너에게 질문해도 돼요? / 그래 넌 내게 질문해도 돼.
15 이제 너네는 일어서도 돼. / 이제 나가도 돼.

| 1회차 ⏱ 분 | 2회차 ⏱ 분 | 3회차 ⏱ 분 | 4회차 ⏱ 분 | 5회차 ⏱ 분 |

STEP 1 　나 들어가도 돼요? Can I come in?

- Can (~할 수 있어)
- 기본형 : You can do / You can't do / Can you do? / Can't you do?

반복하다 보면 암기식이 되는 건 어쩔 순 없지만, 그러면 스스로 말을 못 만들어요.
이 책의 핵심은 말을 스스로 만들도록 훈련하는 거예요.

01	Can I come in? / Yes, you can come in.
02	Can I sit? / Yes, you can sit.
03	You can open your book.
04	Can you open your friend's book?
	Yes, I can open my friend's book.
05	Can you read it? / Yes, I can read this.
06	Can't you focus?
07	Can you think and learn?
08	You can't forget!
09	You can't chat!
10	Can they dance here? / No, they can't dance here.
11	You can dance after class.
12	Can I eat now? / I can't eat now.
13	And you can't eat now.
14	Can I ask you? / Yes, you can ask me.
15	You can stand up now. / Now you can go out.

POINT

- 조동사는 한국어에 없어요. **can**은 **can**이지 '~할 수 있다' '~해도 된다'로 외워선 한계가 있어요. 처음에만 '할 수 있다, 해도 된다' 두 가지 뉘앙스로 일단 알아두세요.

- 대상을 상상하며 정말로 대화하듯 질문하고 답하는 연습이 반드시 필요해요. 파트너를 정해 연습해도 좋아요. 사람이 아직 어색하면 인형이나 동물도 좋고 좋아하는 연예인 사진을 두고 해도 돼요!

- 기본적으로 (말문 트기 비법 1 : 4변형) ① **You can do** ② **You can't do** ③ **Can you do?** ④ **Can't you do?** 4가지 형태일 뿐입니다. 그런데 주어와 동사를 바꾸면 무한한 응용이 가능하죠. 기본 단어들을 사용하여 연습하세요. 이론적으로 대명사 7개와 기본 동사 50개, DAY 4의 **Can** 변형 4가지만으로 이미 1,400가지 문장을 말할 수 있습니다.

No one else can dance your dance,
no one else can sing your song,
no one else can write your story.

누구도 너의 춤을 출 수 없고,
누구도 너의 노래를 부를 수 없고,
누구도 너의 인생을 대신 살 수 없다.

STEP 2   내가 1,000원에 이거 살 수 있나요? / Can I buy this at 1,000 won?

- Can + 말문 늘리기
- 말문 트기 비법 3-2 : 명사를 데려올 땐 '전치사'

처음엔 어떤 전치사를 써야 하는지 어렵겠지만, 일단 해보고 뒤의 모범 답안과 비교해보며 연습하면 어느 순간 익숙해질 거예요!

01	내가 1,000원에 이거 살 수 있나요?
02	우리 3시에 만날 수 있어?
03	우리는 40킬로미터(의 속도)로 달릴 수 없어.
04	그들은 10시까지 일할 수 없어.
05	너 그 학교까지 걸을 수 있어?
06	너 내게 주의 집중해줄 수 없어?
07	너 나를 위해 달릴 수 있어?
08	우리는 이것을 책상 대신 사용할 수 있어.
09	나는 너를 위해 먹을 수 있어.
10	너는 도움이 필요하면 내 쪽을 봐.
11	나에게 공 던질 수 있니?
12	너는 나에게 공을 던질 수 없어.
13	너 이거 그녀에게 줄 수 있어?
14	나는 이걸 너에게 설명할 수 있어.
15	나는 1,000원 줄 수 있어 이것을 위해.
16	너 이거 나 위해 살 수 있어?
17	나는 너에게 편지 쓸 수 있어.
18	너 편지 쓸 수 있어 나를 위해?
19	우리는 우리의 자유를 위해 싸울 수 있어.
20	너는 도움을 요청할 수 있어.

| 1회차 ⏱ 　분 | 2회차 ⏱ 　분 | 3회차 ⏱ 　분 | 4회차 ⏱ 　분 | 5회차 ⏱ 　분 |

STEP 2 내가 1,000원에 이거 살 수 있나요?
Can I buy this at 1,000 won?

- Can + 말문 늘리기
- at : 점, 목표 / to : 방향 / for : 그 대상을 생각하면서, 염두하면서

말해본 뒤에 답 확인하고 있죠? 매 순간, 조금 더 머리를 쓰느냐 편하게 답을 보느냐 하는 자신과의 싸움입니다.

01	Can I buy this at 1,000 won?
02	Can we meet at 3?
03	We can't run at 40 km.
04	They can't work to 10.
05	Can you walk to the school?
06	Can't you pay attention to me?
07	Can you run for me?
08	We can use this for a desk.
09	I can eat for you.
10	You can look to me for help.
11	Can you throw the ball to me?
12	You can't throw the ball at me!
13	Can you give this to her?
14	I can explain this to you.
15	I can give 1,000 won for this.
16	Can you buy this for me?
17	I can write a letter to you.
18	Can you write a letter for me?
19	We can fight for our freedom.
20	You can ask for help.

POINT

- 01~03. 전부 at이 어떤 작은 점, 포인터의 느낌으로 쓰인 거예요. '시간, 가격에 at을 쓴다'고 외우지 마시고 많은 예문을 접하길!

- 말은 간단한데 문제는 한국어엔 전치사라는 게 없어서 한국어로 대응시키기가 애매하다는 거예요. 단순히 at을 '~에', to를 '~로, for를 '~위해' 식으로 일대일 암기해선 한계가 있어요. 설명은 참고만 하고 직접 영어 자체로 많이 접해서 익혀야 돼요. 외국인이 한국어를 배울 때 '을', '를' 이런 조사를 문법식으로 외워봤자 더 헷갈리는 것과 같아요.

- 04~06. to는 '방향'의 느낌으로 쓰였습니다.

- 07~09. for는 '대신, 교환, ~위해'의 뉘앙스죠. 강조하지만 한국어로 확실히 설명이 불가능합니다. 한국어에 없는 것을 배우는 거예요.

- 11~12. 11번은 단순히 공을 내 방향으로 던지는 뉘앙스, 12번은 날 표적으로 해서 던지는 뉘앙스입니다. 공놀이 느낌인지, 맞추려는 것인지 정도의 차이.

- 15. 1,000원을 this를 위해 줄 수 있다=교환하겠다, 그 정도를 위할 수 있다.

- 16~18. to와 for의 차이가 나오는 문장. to는 단순히 방향. 편지를 쓰는데 '누구에게', for는 '너를 생각하면서' '여러 사람들 중에서 너를 위해' 편지 쓰는 느낌.

잘못된 영어 학습법,
이젠 속지 말자

여러분이 알고 있는 영어 학습법의 상당수가 일제 강점기 시대의 잔재라는 사실 알고 계셨나요? 과장된 광고 속 영어 공부법에 더 이상 속지 마세요. 영어 잘하는 법에 대한 가이드라인, 제가 꼼꼼히 따져가며 속 시원하게 알려드릴게요.

 **원어민 교사가 좋다?**

 **성인의 경우 특히 중급 이상의 실력이 되기 전엔 별로 도움이 안 돼요.**

노력 대비 성능비도 별로고, 돈을 들인다 치면 가격 대비 성능비도 별로입니다. 소리 차이가 너무 나서 리스닝이 힘들고, 원어민은 한국인이 영어를 왜 잘 못하는지 근본 이유 파악이 불가능해서 그냥 자꾸 해라 정도의 말만 합니다. 여러분 중에, 영미권 사람들이 어떻게 해야 한국어를 잘할 수 있는지 10년 연구한 분이 있을까요? 여러분이 한국어에 익숙하다고 좋은 한국어 교사일까요? 30대 중반을 넘은 성인이 우리나라에서 일자리를 못 구해 '한국어나 가르치러 동남아 가야겠다'하고 가정해봐요. 그 말은 결국 생각을 표현하는 일인데 좋은 교육이 될까요? 국내의 원어민 교사들 중 적지 않은 경우가 이런 식입니

다. '영어만 할 줄 알면 한국에서 돈 많이 벌 수 있어!' 하는 사람들이요. 제발 당하지 마세요.

 전화 영어 10분으로 영어가 된다?

 전화 영어회사의 마케팅에 당하고 계십니다.

역시 중급 이상(일상 묘사 정도는 속도감 있게 가능한 정도)이 아닌 이상 크게 도움이 되지 않아요. 1일 10분이면 1주일 1시간. 월 4시간입니다. 1년에 50시간 외국어 공부해서 된다는 건 말도 안 되는 얘기예요. 노력 안 하고 얻길 좋아하는 우리들의 심보를 이용한 거짓말이죠. 타 외국어를 익히기 위한 최소 시간이 보통 1천 ~3천 시간입니다.

 어학연수가 효과적이다?

 역시 연수원의 마케팅입니다. 성공률이 5퍼센트 미만이에요.

어학연수를 다녀와도 영어가 늘지 않는 사람들 대다수가 창피하니 안 알려져 있죠. 성공한 소수의 사람들도 한국에 돌아오면 영어 쓸 기회가 적어 영어 실력이 오히려 떨어지는 경우가 많아요.

한국에서도 얼마든지 100퍼센트 영어 환경으로 만들 수 있습니다. 반대로 어학연수 한다고 해외 나가서도 얼마든지 100퍼센트 한국어 환경으로 만든 분들의 이야기(한국어 드라마 보고, 한국인 친구들과 어울리고), 조금만 검색해도 쉽게 접할 수 있죠.

의지가 환경을 만듭니다. 해외 경험은 한국에서 영어 실력이 중급 이상일 때 만들고 실제로 경험하러 가면 됩니다. 한국에서 외국인을 만나는 경우와는 차원이 다르겠죠.

 **문법과 단어를 알면 영어가 된다?**

 **지금도 이런 소리하는 영어강사가 있으면 정말 반성해야 됩니다.**

일제 강점기 교육의 잔재입니다. 문법, 단어를 열심히 외운다고 영어 실력이 늘지 않아요. 운전면허 시험 100점 맞으면 운전하나요? 운전은 그냥 하면 됩니다. 언어도 비슷합니다. '빨간불이면 멈춤' 정도의 상식과 규칙만 알면 됩니다. 문법과 단어만 파고들 수록 실제 영어 실력을 만들긴 힘들어져요.

 유명 강사가 효과적이다?

 **유명 강사는 말을 잘하거나, 비주얼이 좋거나, 강의력이 뛰어나서 유명해진 경우가 많습니다.**

예를 들면 베스트셀러가 다 좋은 책이 아닌 경우와 같아요. 유명

강사의 일반적인 이미지를 상상해보세요. 목소리가 크고, 자신감 있는 태도에 외국인에게 서슴없이 말을 거는 모습이요. 일반인들과 차이가 큰 점을 생각해보면 알 수 있지요. 대체로 수줍음이 많고, 목소리가 작은 일반인들은 그에 맞는 방법으로 해야 됩니다. 그리고 강의 내내 강사가 말합니다. 수업 시간 중 20분간 영어 표현 두 세개 설명하면 학습자는 그저 따라 외우는 식이죠. 훈련 시간 동안 강사와 학생 중 누가 더 말을 많이 할까요?

 **Q6.** 패턴 영어나 유명 영어 강의를 들으면 도움이 된다?

 **A** 역시 그간 계속 많이 알려져 왔지만 효과가 적지요.

현재에도 대다수 유명 회화 강의는 여전히 일대일 대응식이나 암기식 수업입니다. 게다가 세계 인구 60억 중 영어 사용자는 20억으로, 1/3이 사용해서 영어를 배우면 활용도가 높지만, 사실 사용자 중 비원어민이 17억이고 원어민은 겨우 3억입니다. 굳이 원어민들만의 표현을 암기할 필요가 없습니다. 외국인이 한국의 경상도, 제주도 말이나, 서울의 최신 중고생 유행어를 수십 개씩 외우면 한국어를 잘하는 걸까요? 어려운 사자성어나 깜놀, 얼짱, 갑툭튀 같은 이런 단어를 모른다고 해서 한국인과 소통이 어려운 게 아닌 경우와 같지요. 패턴 영어를 아무리 외워도 스스로 문장 만들기가 잘 안 되는 경우가 많아요. 영어를

잘하는 길은 스스로 자신의 생각을 말할 수 있는 방식이어야 합니다. 우리는 앵무새가 아니에요.

위에 언급한 방법들로는 영어가 쉽게, 제대로 늘지 않아요. 물론 될 때까지 엄청나게 열심히 하면 되겠죠. 효율이 너무 떨어져서 문제이죠. 제가 조사한 영어 고수들도 저런 방법으로는 영어 실력이 늘지 않았어요. 저도 전부 다 해봤습니다.

앞서 질문한 Q1~Q6의 방법은 아닙니다. 전 겨우 수천 명의 학생에게만 적용해봤을 뿐인데 벌써 수십 명의 강사 가능자를 경험했습니다. 이젠 여러분 차례예요. 진짜 됩니다!

What you are is God's gift to you.
What you make of it is your gift to God.

당신이란 존재는 당신을 향한 신의 선물이에요.
당신이 당신을 어떻게 만들어 가는지는 신을 향한 당신의 선물입니다.

DAY 4
Will

STEP 1 난 들어갈 거야 I will go in
STEP 2 난 너와 성공할 거야 I will succeed with you
필수 꿀팁 멋져 보이려고 시작한 영어가
인생을 바꾸다

| 1회차 ⏱ 분 | 2회차 ⏱ 분 | 3회차 ⏱ 분 | 4회차 ⏱ 분 | 5회차 ⏱ 분 |

STEP 1　난 들어갈 거야 I will go in

- Will (~할 거야)
- 기본형 : You will do / You won't do
  Will you do? / Won't you do?

선생님과 학생이 대화하며 수업해나가는 모습을 상상하며 연습!

01	A	난 들어갈 거야.
02	B	너 여기 앉을 거지? / 그래, 나 여기 앉을 거야.
03	B	너 내 책 꺼내줄래?
04	A	그래, 내가 네 책 꺼내 줄게.
05	B	내가 네 책 펼쳐줄까? / 내가 네 책 펼쳐줄게.
06	A	너 오늘 집중할 거지?
07	B	응, 오늘 나는 집중할 거야.
08	T	우리 이 수업 시작할게요.
09	T	너네 오늘 생각하고 배울 거지?
10	S	네, 우리는 오늘 생각하고 배울 거예요.
11	T	우리 춤추고 노래할까?
12	S	아뇨, 우리 춤추고 노래하지 말아요.
		수업 후에 우리 춤추고 노래해요.
13	T	너네 지금 먹을 거야?
14	S	아뇨, 우리는 지금 안 먹을 거예요. / 수업 후에 우리는 먹을 거예요.
		우리는 안 잘 거고요. / 쟤네들도 안 잘 거예요.
15	T	좋아. 너네는 너의 영어와 인생을 향상시킬 거야.

| 1회차 ⏱ 분 | 2회차 ⏱ 분 | 3회차 ⏱ 분 | 4회차 ⏱ 분 | 5회차 ⏱ 분 |

STEP 1   난 들어갈 거야 I will go in

- Will (~할 거야)
- 기본형 : You will do / You won't do
  Will you do? / Won't you do?

어떤 한국어를 듣든 반사적으로 영어로 말할 수 있게 연습하세요.

01	A	I will go in.
02	B	Will you sit here? / Yes, I will sit here.
03	B	Will you take my book out?
04	A	Yes, I will take your book out.
05	B	Shall I open your book? / I will open your book.
06	A	Will you focus today?
07	B	Yes, I will focus today.
08	T	We will start this class.
09	T	Will you think and learn today?
10	S	Yes, we will think and learn today.
11	T	Shall we dance and sing?
12	S	No, let's not dance and sing.
		Let's dance and sing after class.
13	T	Will you eat now?
14	S	No, we won't eat now. / We will eat after class.
		We won't sleep. / They won't sleep.
15	T	Good. You will improve your English and life.

POINT

- 역시 기본적으로 4가지 형태. 이미 DAY 3 Can에서 4가지 변형 연습을 했으므로 조금만 연습해보면 될 겁니다. 다음 장에서 can이랑 will을 구분하는 연습만 여러 번 하면 돼요.

- 원래는 말문 트기 비법 1(4변형)을 학습자가 분명히 이해하고 자기 것으로 만들어야 합니다.
  예를 들어 I will go라는 문장을 보면

  ⇒ I will go / I will not go
  　Will I go? / Will not I go?
  　He will eat / He won't eat
  　Will he eat? / Won't he eat?

  형태로 어떤 것이든 바로 말할 수 있게 연습해야 하는 거죠.

- 그런데 저런 식으로 교재를 만들면 지루하고 연기도 안 해서, 스토리를 만들어낸 거예요. 어떤 분야든 기본기는 반복적으로 익혀야 되는데, 이게 참 중요해요. 이 기본기를 확실히 익히지 않으면 실전에서 계속 실수하게 됩니다. 재미를 위해 만든 스토리에 빠져서 기본기 연습을 놓치지 않길 간절히 조언합니다!

**We make a living by what we get,
but we make a life by what we give.**

우리는 우리가 가진 것으로 하루하루 살아갑니다.
하지만 우리의 인생은 우리가 가진 것을 세상에 줌으로써 만들어집니다.

| 1회차 ⏱ 　분 | 2회차 ⏱ 　분 | 3회차 ⏱ 　분 | 4회차 ⏱ 　분 | 5회차 ⏱ 　분 |

STEP 2 — 난 너와 성공할 거야
I will succeed with you

- Will + 말문 늘리기
- 말문 트기 비법 3-2 : 명사를 데려올 땐 앞에 '전치사'

전치사는 한국어에 없어서 어려운 거예요. **1** 일단 해보고 갈증(어떤 전치사인지에 대한 궁금함)을 느낀다. **2** 답을 보고 갈증을 채운다. 이렇게 하면 익숙해질 수 있어요.

01	난 너와 성공할 거야.
02	나는 너에 의해 성공할 거야.
03	너 나랑 이거 할 거야?
04	너 나에 의해 이거 할 거야?
05	난 이걸 이 가위로 자를 거야.
06	그는 이걸 이 가위로 자를 거야.
07	나는 스스로 힘으로 살 거야.
08	나는 그 강 옆에서 살 거예요.
09	너 이 책으로 영어 배울 거야?
10	그가 나를 그 곁에 둘 거예요.
11	그는 그 기차로 여행할 거예요.
12	그는 그 기차에서 여행할 거예요.
13	내일까지 비가 올 겁니다.
14	내일 전에는 비가 올 거예요.
15	나는 10시까지는 자러 갈 거야.
16	그는 10시까지 자고 있을 거야.
17	그녀는 6시까지 일할 거예요.
18	그녀는 5시까진 이걸 끝낼 거야.
19	손님들이 12시까지 계속 올 거예요.
20	손님들이 12시까지는 도착할 거야.

| 1회차 ⏱ 분 | 2회차 ⏱ 분 | 3회차 ⏱ 분 | 4회차 ⏱ 분 | 5회차 ⏱ 분 |

STEP 2 난 너와 성공할 거야
I will succeed with you

- Will + 말문 늘리기
- 말문 트기 비법 3-2 : 명사를 데려올 땐 앞에 '전치사'

외국인들이 한국어 할 때 '저 풀코기 좋아합니다!' 식으로 조사를 많이 빠뜨리죠?
우리도 전치사 좀 틀려도 괜찮아요!

01	I will succeed with you.
02	I will succeed by you.
03	Will you do this with me?
04	Will you do this by me?
05	I will cut this with this scissors.
06	He will cut this by this scissors.
07	I will live by myself.
08	I will live by the river.
09	Will you study English by this book?
10	He will keep me by him.
11	He will travel by the train.
12	He will travel on the train.
13	It will rain until tomorrow.
14	It will rain by tomorrow.
15	I will go to bed by 10.
16	He will sleep until 10.
17	She will work until 6.
18	She will finish this by 5.
19	Visitors will come until 12.
20	Visitors will arrive by 12.

POINT

- with : A with B는 A와 B가 서로 작용하는, 관계되는, 같이 되는 느낌. by : A by B 하면 A가 B의 영향권에 있는 느낌. until : ~까지의 의미로 쓰일 때 until은 그때까지 쭉~, by는 그때 전에 한 번.

- 05~06. with를 쓰면 가위를 가지고 내가 손수 자르는 느낌. by를 쓰면 다른 도구가 아닌 '가위'에 의지해서 자르는 느낌입니다. with, by 둘 다 한국어로 '~로'라고 외워왔기 때문에 좀 헷갈릴 수 있어요. 강조하지만 한국어에 없는 거니 일일이 외우지 말고 설명을 참고하면서 많은 예문을 접하세요.

- 09~10. by, with 둘 다 쓸 수 있어요. 약간의 뉘앙스 차이가 있습니다.

- 11~12. 비교를 위해 on을 써봤어요. on은 접촉, 접하는 느낌이에요. (이것도 약간 의존의 느낌이 나오기도 해요.) by train이면 '그 기차로'의 느낌, on the train이면 '그 기차에서 먹고 지내면서' 이런 느낌 정도.

- 13~20. until은 어느 시점까지 쭈~욱 되는 느낌, by는 어느 시점 전까지 한 번 딱! 되는 느낌입니다.

- 19. 손님들이 12시까지 계속 몰려드는 뉘앙스.

- 20. 오기로 한 손님이 12시 전에는 올 거란 뜻.

멋져 보이려고 시작한
영어가 인생을 바꾸다

"회일아, 몸은 괜찮니?"

학창시절을 돌이켜보면 친구들이 저에게 숱하게 던진 질문입니다. 저는 심한 아토피로 중학교 때부터 7년을 넘게 스테로이드를 먹으며 견뎌야 했어요. 상태가 어느 정도였냐면 온몸에 진물이 나서 밤새도록 잠을 자지 못하고 고통과 싸워야 했습니다. 처음에는 낫는 듯하다가 약을 장기간 복용하면서 내성이 생겨 잘 낫지 않고 염증이 더욱 심해졌어요. 참다못해 아토피를 치료하기 위해 약을 끊었습니다. 그 후 온몸의 피부가 터지고 살이 부어오르는 리바운드 현상(굵은 용수철을 손가락을 세게 누른 후 갑자기 놓으면 탄성으로 원래보다 더 높게 튀어 오르는 현상)으로 살갗을 발라내는 듯한 고통과 싸우면서 하루에 물 20리터 이상을 마시며 매일 견뎌야 했어요.

엎친 데 덮친 격으로 부모님의 사업마저 실패해 수억 원의 빚을 떠안으면서 하늘이 원망스러웠습니다. 정말 죽고 싶을 만큼 힘들었습니다. 하지만 어린 나이에 죽으려니 억울해서 오히려 삶의 의지가 더욱 강해지더라고요. '왜 신은 나에게 이런 고난을 주셨을까?' 묻고 또 물어야 했습니다. 그래야 버틸 수 있었어요. 건강을 회복하기 위해 숱한 노력과 굳은 의지로 스테로이드를 끊고 다시 걸을 수 있게 되는 데 2년, 밤에 잠을 잘 수 있게 되는 데 5년의 시간을 보냈습니다. 아토피 때문에 생긴 심한 흉터로 입을 수 없었던 반팔 옷을 입을 수 있게 되기까지 8년의 세월이 걸렸습니다. 20대까지의 청춘을 온통 고통 속에서 보냈죠.

초기 투병할 때는 너무 상태가 좋지 않아 아무것도 할 수 없었고 그냥 깡으로 버티고, 잠시나마 고통을 잊기 위해 게임 등을 하며 보냈어요. 게임을 하고 나면 머리가 멍하고 뭔가 시간을 아깝게 보냈다는 죄책감에 기분이 유쾌하지가 않더라고요. 그러다 수년이 지나서 약간의 여유가 생기기 시작했고, 뭘 할까 하다 집에 굴러다니는 책을 꺼내보기 시작했습니다. 뭐 대단한 것을 하려고 한 게 아니라 막연히, 게임보단 나은 놀이 같아서 한 거죠. 해보니 뭔가 지적이고 좋은 거 같긴 한데 조금 보다 보면 지루해서 잠이 오더라고요. 그렇다고 게임을 다시 하긴 싫고, '어떻게 하면 삶을, 시간을 더 알차게 보낼 수 있을까?' 고민했어요. 몇 달간 책 보는 척도 하며 독서습관을 잡고 있었어요.

그러던 어느 날 우연히 지하철에서 책을 보는 척하며 폼을 잡고 주위를 둘러보는데 어떤 분이 영어 원서를 꺼내 읽는 거예요. 그때 생각했죠!

'아, 저거다! 저게 더 멋져 보이겠다!'

그래서 원서를 당장 샀어요. 원서 읽기를 시작하는데 뭘 어떻게 읽어야 하는지 모르겠더군요. 처음에는 그냥 읽는 척했어요. 지하철을 타면 원서를 몇 번 읽는 척 했는데, 뭔 소리인지 알 수 없으니 나중에 도서관이나 서점에 가서 영어 학습법 도서들을 보고 생각하고 연구하기 시작했습니다.

원서를 읽으려면 어떻게 해야 할지 고민이 들기 시작했고, 이게 제 영어 훈련의 출발이었어요. 그렇게 시작해서 5년간 치열한 노력 끝에 이런 것들을 깨달았죠.

'영미인들이 한국인을 이해할 리 없구나!
원래 영어 잘하는 사람들, 일찍 시작한 사람들, 원래 공부를 잘한 사람들이 한국인 왕초보 이해를 못하겠구나!
한국인 영어, 내가 책임져야겠다!'

누군가에게 멋져 보이려고 시작한 원서 읽기였는데 결국 영어를 통해 제 삶의 의미와 목표를 찾았어요.

You must do the things you think you can't do.
Anyone who has never made a mistake has never tried anything new.

너는 반드시 네가 할 수 없다고 생각하는 것을 해봐야 한다.
실수를 하지 않은 사람은 아무것도 시도하지 않은 사람이다.

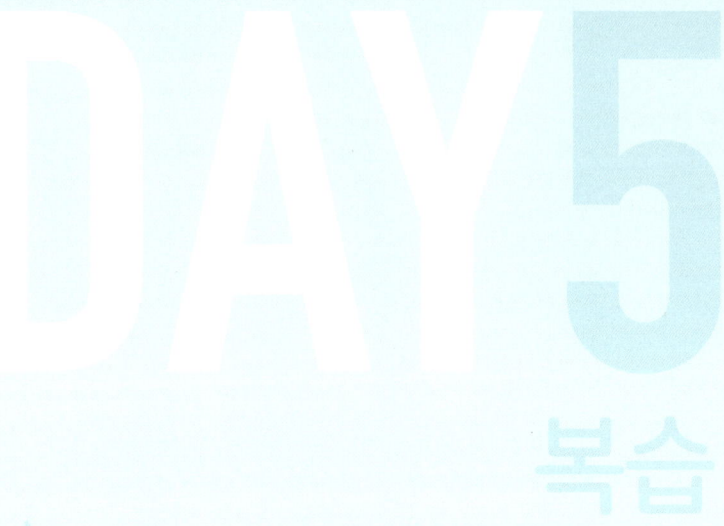

DAY 5 복습

STEP 1   우리 빵집에 가자 Let's go to the bakery

STEP 2   여기서 달려 Run here

STEP 3   우리 그 빵집 갈까? Shall we go to the bakery?

STEP 4   이리와. 앉아. 이거 먹어
            Come here. Sit. Eat this

필수 꿀팁   6개월 만에 영어를 마스터한 게 아니래두?!

| 1회차 ⏱ 분 | 2회차 ⏱ 분 | 3회차 ⏱ 분 | 4회차 ⏱ 분 | 5회차 ⏱ 분 |

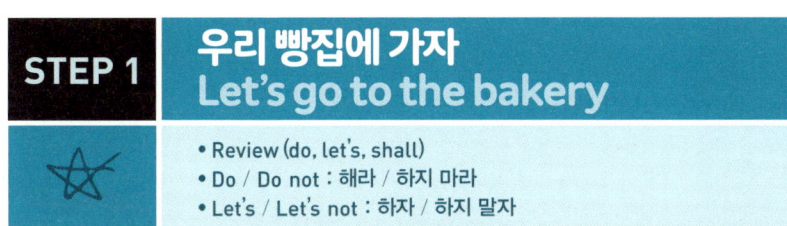

STEP 1 — 우리 빵집에 가자
Let's go to the bakery

- Review (do, let's, shall)
- Do / Do not : 해라 / 하지 마라
- Let's / Let's not : 하자 / 하지 말자

학교 수업 후 집에 가는 길에 빵집에 들렀다고 생각하며 우리말을 영어로 말해보세요.

01	A	우리 빵집에 가자.
02		나 그 빵 사줘.
03	B	그래. 너는 나 물 사줘.
04	A	물 마시지 말자. 우유 마시자.
05		이 빵 사. 저건 사지 마.
06		이것도 사자.
07	B	여기서 먹지 말자.
08		그 빵 저기다 둬. 우리 저기서 먹자.
09	A	그래. 저기 앉자. 내 우유 마셔.
10		그리고 그 빵 나 줘.
		(냠냠)
11	A	더 먹지 말자. 그거 포장해.
12		우리 이 빵 집으로 가져가자.
13	B	그래. 이제 가자.
14		그냥 가지 마. 나 돈 줘.
15	A	나 저 사탕 사줘.
16	B	나 이 가게 사줘!
17	A	…… 그만하자. 가서 연습하자.

121

| 1회차 ⏱ 분 | 2회차 ⏱ 분 | 3회차 ⏱ 분 | 4회차 ⏱ 분 | 5회차 ⏱ 분 |

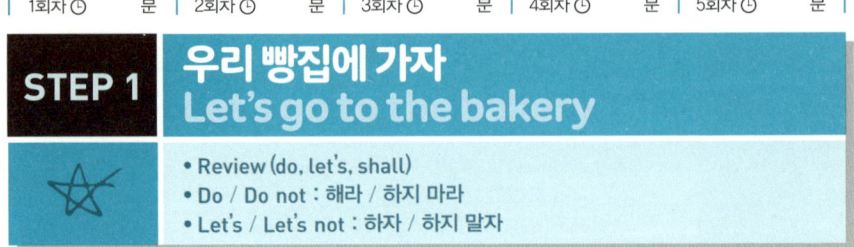

STEP 1   우리 빵집에 가자
Let's go to the bakery

- Review (do, let's, shall)
- Do / Do not : 해라 / 하지 마라
- Let's / Let's not : 하자 / 하지 말자

앞에서 말했던 내용을 여기서 다시 한번 반복해보세요. 순서대로 외우지 마세요.

01	A	Let's go to the bakery.
02		Buy me the bread.
03	B	Okay. You, Buy me water.
04	A	Let's not drink water. Let's drink milk.
05		Buy this bread. Don't buy that.
06		Let's buy this, too.
07	B	Let's not eat here.
08		Put the bread there. Let's eat there.
09	A	Okay. Let's sit there. Drink my milk.
10		And Give me the bread.
		(yammy yammy)
11	A	Let's not eat more. Wrap it.
12		Let's take this bread home.
13	B	Okay. Let's go now.
14		Just don't go. Give me the money.
15	A	Buy me that candy.
16	B	Buy me this store!
17	A	…… Let's stop. Let's go and practice.

POINT

- **yummy yummy**는 한국어의 '냠냠' 정도에 해당하는 영어.

- 관사 **a, an, the**를 뭘, 언제 써야 하는지 헷갈릴 텐데요. 일단 자꾸 말해보고 원서 등을 읽어보며 잡아나가면 됩니다. 부담 없이 많이 틀리세요. 일단 서로 알고 있는 어떤 그것의 느낌일 때 주로 **the**를 쓴다고 알아두세요.

You must not let anyone defines your limit.

다른 사람이 너의 한계를 정하게 내버려두지 마세요.
다른 사람이 '너 영어 못할걸?' 이라고 했을때 기분만 상하거나
포기하지 말고 실제 결과로 증명해 보이세요.

| 1회차 ⏱ 분 | 2회차 ⏱ 분 | 3회차 ⏱ 분 | 4회차 ⏱ 분 | 5회차 ⏱ 분 |

STEP 2 여기서 달려 Run here

- Review + 말문 늘리기
- do, let's, shall 심화 훈련

어순 연습도 같이 해봐요! 종이에 단어를 적어놓고 바꿔가며 해도 좋아요.

01	여기서 달려.
02	영어 공부하지 마.
03	그에게 이거 주지 말자.
04	내가 영어 연습하도록 도와줘.
05	술 마시려고 그를 만나지 마!
06	저거 사지 말자.
07	춤추러 여기를 떠나자.
08	(너) 오늘 내 차 운전해.
09	그거 먹으려고 머물러 있지 마.
10	(너) 이거 먹으러 오지 마.
11	이거 먼저 먹어.
12	그를 만나려고 기다리지 마.
13	거기 가려고 하지 마.
14	공부하기 위해서 그것을 사자.
15	이거 너무 많이 좋아하지 마.
16	계획하기 위해 배우자.
17	노래하기 위해서 술 마시지 말자.
18	그들에게 강요하지(or 밀지) 말자.
19	계획을 세우기 위해서 그를 부르자.
20	그것을 얻기 위해서 그녀를 만나지 마.

| 1회차 ⏱ 분 | 2회차 분 | 3회차 분 | 4회차 분 | 5회차 분 |

STEP 2 여기서 달려 Run here

- Review + 말문 늘리기
- do, let's, shall 심화 훈련

공부가 아니라, 어순 바꾸기 놀이라고 생각하면 더 나아요.

01	Run here.
02	Don't study English.
03	Let's not give him this.
04	Help me to practice English.
05	Don't meet him to drink.
06	Let's not buy that.
07	Let's leave here to dance.
08	Drive my car today.
09	Don't stay here to eat it.
10	Don't come to eat this.
11	Eat this first.
12	Don't wait to meet him.
13	Don't try to go there.
14	Let's buy it to study.
15	Don't like this too much.
16	Let's learn to plan.
17	Let's not drink to sing.
18	Let's not push them.
19	Let's call him to plan.
20	Don't meet her to get it.

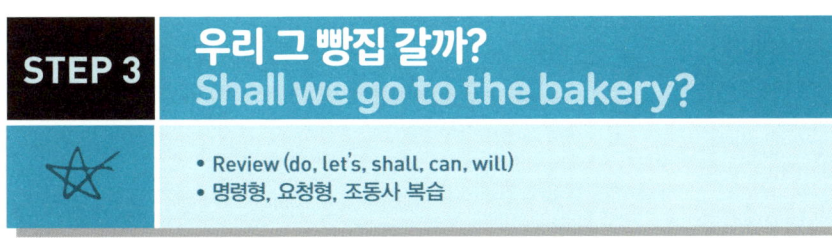

배운 것 총 복습하면서 can과 will 구분 연습을 해볼게요.

01	A	우리 그 빵집 갈까?
		나 그 빵 사줄래?
02	B	그래, 사줄게. 너 우유 마실 거지?
03	A	아니, 나 우유 못마셔.
		우리 오늘 주스 마시자.
		이거 먹을까? 너 저거 안 먹을 거지?
		나 이거 먹어도 돼?
04	B	그래, 내가 그거 사줄게. 우리 어디서 먹을까?
05	A	저기서 먹자. 너 이걸 저기에 둘래?
06	B	그래, 내가 이거 저기 둘 수 있어.
07	A	내가 오늘 밤 너에게 전화해도 돼?
08	B	아니, 나 오늘 밤 네 전화 못받아.
		오늘 나 숙제할 거야.
09	A	그럼 너 내일 내게 전화 해줄래?
10	B	그래, 내가 내일 전화할게.
		너는 이제 잘 거야?
11	A	아니, 나는 지금 잠 잘 수 없어.
		난 어머니를 기다릴 거야.
12	B	왜? 어머니랑 대화할 거야?
13	A	응, 나 어머니랑 대화할 거야.

| 1회차 ⏱ 분 | 2회차 ⏱ 분 | 3회차 ⏱ 분 | 4회차 ⏱ 분 | 5회차 ⏱ 분 |

STEP 3   우리 그 빵집 갈까?
Shall we go to the bakery?

- Review (do, let's, shall, can, will)
- 명령형, 요청형, 조동사 복습

이제 어느 정도 영어로 대화가 되고 있네요!

01	A	Shall we go to the bakery?
		Will you buy me the bread?
02	B	Yes, I will buy. Will you drink a milk?
03	A	No, I can't drink milk.
		Let's drink juice today.
		Shall we eat this? Won't you eat that?
		Can I eat this?
04	B	Yes, I will buy you it. Where shall we eat?
05	A	Let's eat there. Will you put this there?
06	B	Yes, I can put this there.
07	A	Can I call you tonight?
08	B	No, I can't answer your phone tonight.
		I will do my homework today.
09	A	Will you call me tomorrow?
10	B	Yes, I will call you tomorrow.
		Will you go to bed now?
11	A	No, I can't sleep now.
		I will wait for my mother.
12	B	Why? Will you talk with your mother?
13	A	Yes, I will talk with my mother.

POINT

- 처음에 많이들 can과 will의 구분을 어려워해요. 한국어에는 조동사라는 게 없으므로 ~할 거다=will, ~수 있다=can으로 외워선 한계가 있어요.

- 예문을 참고해보세요.

  예1〉 **A** : Shall we swim today? Can you swim?
  B : Yes, I can swim. But I will not swim today. I'm tired. Let's swim tomorrow.

  예2〉 **M** : Can you marry me?
  W : Can I? No. You are not handsome! I can't marry you. I won't marry you!

- 이런 개념으로 설명하면 도움될 거예요.
  100% ──────────── 0%
  must – shall – will – can – may
  should – would – could – might
  she likes me. she doesn't like me.

- **she likes me**는 '그녀는 좋아한다 나를'이라는 100% 사실이 되고, **she must like me → she will like me → she may like me** 식으로 오른쪽의 조동사를 사용할수록 그 확실성이 떨어지게 돼요. **she must like me**면 그녀는 분명 좋아해 나를. **she may like me**면 그녀는 아마도 좋아할지도 나를…… 정도가 돼요. 계속 말하지만 '정확하게' 한국어로 바꾸지 마세요. (잘 이해 안 되면 다음에 또 보세요.)

The size of your success depends on the depth of your desire.

당신의 성공의 크기는 너의 간절함의 깊이에 달려 있어요.

| 1회차 ⏱ 분 | 2회차 ⏱ 분 | 3회차 ⏱ 분 | 4회차 ⏱ 분 | 5회차 ⏱ 분 |

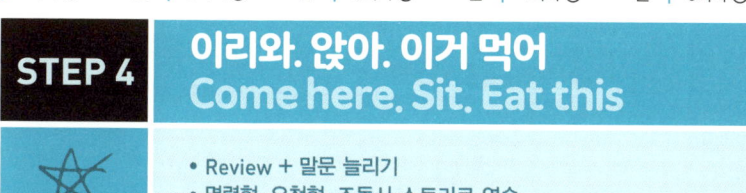

STEP 4 — 이리와. 앉아. 이거 먹어
Come here. Sit. Eat this

- Review + 말문 늘리기
- 명령형, 요청형, 조동사 스토리로 연습

앞에서 배운 내용들을 섞어서~~ 믹스 믹스~.

01	A	이리와. 앉아. 이거 먹어.
02	B	나 이거 못먹어요.
		우리 다른 거 먹을까?
		우리 다른 거 먹자.
		이건 내가 그 식탁 위에 둘게요.
03	A	그래, 우리 뭐 먹으러 나가요.
04	B	우리 어디로 갈까요?
05	A	우리 신사동으로 가요.
06	B	너 운전할 수 있어?
		너 나 거기 데려다 줄래요?
07	A	좋아! 나는 너를 거기 데려다 줄 수 있어 내 차로.
		그러면 네가 내게 저녁 살래?
08	B	알았어. 내가 너에게 저녁 살게.
		그리고 네가 내게 커피를 사라.
09	A	알았어. 내가 너 커피 사줄게.
		우리 그 카페로 커피 마시러 가자.
10	B	그래. 너 내게 저녁 사는 거 잊으면 안 돼!
11	A	알았어. 걱정 마.
		나는 너한테 저녁 사는 거 잊지 않을 거야.

| 1회차 ⏱ 분 | 2회차 ⏱ 분 | 3회차 ⏱ 분 | 4회차 ⏱ 분 | 5회차 ⏱ 분 |

STEP 4 — 이리와. 앉아. 이거 먹어
Come here. Sit. Eat this

- Review + 말문 늘리기
- 명령형, 요청형, 조동사 스토리로 연습

말한 내용을 확인한 후 다시 한번 소리 내어 연습하세요.

01	A	Come here. Sit. Eat this.
02	B	I can't eat this.
		Shall we eat something else?
		Let's eat something else.
		I will put this on the table.
03	A	Yes, let's go out to eat something.
04	B	Where shall we go?
05	A	Let's go to Sinsa-dong.
06	B	Can you drive?
		Will you take me there?
07	A	Yes! I can drive you there.
		Then will you buy me dinner?
08	B	OK. I will buy you dinner.
		And you buy me coffee.
09	A	OK. I will buy you coffee.
		Let's go to the cafe to drink coffee.
10	B	Yes. You can't forget to buy me dinner.
11	A	OK. Don't worry.
		I won't forget to buy you dinner.

POINT

- 이 정도 말하기가 될 때쯤 한번 실제로 도전해보면 어때요? 저는 길 헤매는 외국인들을 많이 도와줬어요. 길 가다 지도 보고 있는 외국인 있으면 Can I help you?라고 일단 말 걸어 보세요!

6개월 만에 영어를
마스터한 게 아니래두?!

저는 어학연수 한 번 다녀오지 못한 채 독학으로 영어를 시작했어요. skirt도 영어로 말 못했지만 생각이 있어 반년만에 사람들을 가르치기 시작했어요. 영어 말문이 트이지도 듣기가 되거나 원서 읽기가 되던 상태가 아니었어요. 영어를 잘 한 게 아니라고요! 분명히 수차례 강조했는데도 제 이야기를 접한 분들이 계속 묻습니다.

"어떻게 6개월 만에 영어가 부쩍 늘었나요?"

영어를 시작하고 6개월 만에 영어가 부쩍 늘지 않았어요. 단지 그냥 혼자 영어를 하다간 아무래도 시간이 길어질 거 같고, 마음가짐도 해이해질 수 있어 다른 사람들에게 영어를 가르치면서 배운 내용을 바로 활용해보고, 학생과의 약속을 통해 내가 연습할 수밖에 없는 시스템을 만들어보기로 했어요.

정회일 영어 학습법

1. 가르치면서 배우는 시스템
2. 약속을 지키기 위해 내가 오늘 영어 분량을 해야 하는 시스템
3. 가르치다 보면 모르는 부분이 드러나니 부족한 점을 찾게 되는 시스템

실천해보니 이런 고민이 들더군요.

"왜 한국인은 영어를 못하지?"
"왜 기존 영어 학습법으로는 영어가 늘지 않지?"
"왜 유명한 영어강사의 방법을 따라 해도 안 되지?"

보통 한 분야에 대해 100여권을 읽으면 그 분야 교수 급의 지식을 쌓이고, 500여권을 읽으면 대학을 한 번 졸업한 지식의 양과 맞먹는다고 합니다. 저는 숱한 고민 끝에 300여권의 영어 학습서와 영어 원서 200권, 학습법 150권, 자기관리 200여권, 심리학/화술/고객관리 약 100권 등 약 950권 정도를 읽고 수천 명의 영어 학습법을 연구했어요. 그러다 보니 영어를 꾸준히 하고, 더 어려운 레벨에 도전하여, 5년 뒤에는 어학연수, 해외파에게도 밀리지 않는 영어 실력을 만들었습니다. 더불어 해외파나 어려서 영어를 익힌 이들을 제외하고 국내파 중 성인이 되어 영어를 잘하게 된 경우를 집중 연구해 문장을 그대로 외우기보다 외국인이 자주 쓰는 기초 영단어 100개를 활용해 문장을 스스로 만들어 영어 말문이 확실히 트이는 새롭고 효과적인 영어 학습법과 티칭을 찾아냈어요.

저보다 영어를 잘하는 분들이 얼마나 많았을까요? 외국인이 길을 물어봤을 때 '어…… 어…… 어…….'만 연발하고, 아름다운 외국인을 보고 '와우!!! …… 어…… 어…….'하면서 칭찬 한마디 못했던 저입니다. 이제까지 영어에 도전한 건 제가 대단해서가 아니라, 저에 대한 쓸

데없는 자존심을 버리고, 원하는 일을 간절히 했기에 가능했을 뿐이에요.

여러분이 한두 번 도전해서 실패했다고 주위에서 뭐라고 비난을 할까 겁나세요? 본인은 노력하기 싫은 사람들이 괜히 남의 일에 참견하고 비난합니다. 남들이 비난하는 시선에 신경 쓰지 마세요. 이제는 못난이가 아닌 제가, 도전하는 여러분을 당당히 응원합니다.

영어초보 A 난 영어를 못하니까, 영어를 가르칠 수 없어.

영어초보 B 난 영어를 못하니까 가르쳐야겠다. 그래야 내가 열심히 하겠네.

영어실력의 문제가 아니라, 관점의 차이입니다. 실력이 바뀐 게 아니라 관점의 차이에요. 영어를 못하는데 어떻게 가르치냐고 생각할 수 있지만, 예를 들어 다 알고 있는 상태를 100이라 가정하면 오늘 2개를 배웠으면 그 2개를 누군가에게 알려준 거예요. 나머지 98에 대해 물으면 모른다고 했습니다. 괜히 아는 척은 절대 하지 않았어요.

캐나다인가로 이민 가셨던 한 중년여성의 예도 있었어요. 외국에 갔는데 영어가 안 되서 답답하더래요. 그래서 그 분이 어떻게 했을까요? 영어를 가르치기 시작했습니다. 결과적으로 몇 년 뒤에 영어를 잘 하게 되었어요.

제 영어 콤플렉스는 조금 다르지만 비슷한 식이에요.

원어민들을 수십 명 인터뷰 전 회일 :
"저 사람들은 영어를 너무 잘해. 근처에 가기 무서워."

원어민들을 수십 명 인터뷰 후 회일 :
"태어나서 모국어로 익힌 거라 그냥 익숙한 거지. 실제로는 한국인들을 전혀 이해하지 못하는구나."

영어전공자, 해외 연수자들 인터뷰 전 회일 :
"나보다 영어 잘하겠지? 점수도 좋고. 학교도 오래 다니고.

영어전공자, 해외 연수자들 인터뷰 후 회일 :
"부딪혀보니 실제 영어실력이 나보다 별로인 분들이 많네?"
더구나 학교의 방법에 갇혀 있어서 다른 개선점을 찾질 못하고 있어. 내가 훨씬 더 영어를 잘 가르칠수 있겠네!!

관점을 바꾸면 판이 뒤집힙니다!

DAY 6
현재시제

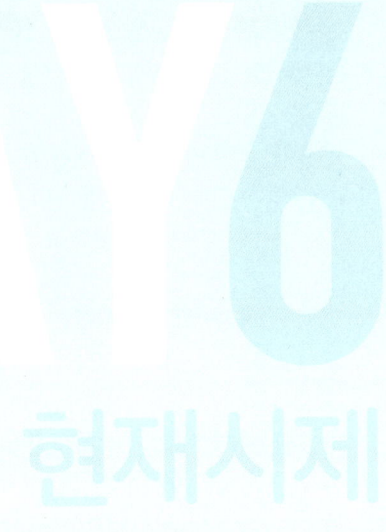

STEP 1 언제 선생님이 오셔?
When does the teacher come?

STEP 2 너는 아침에 뭐해?
What do you do in the morning?

STEP 3 그는 뭘 좋아해? What does he like?

STEP 4 우리는 항상 월말에 만나
We always meet at the end of the month

필수 꿀팁 연수입 50만 원에서
2억대 연봉을 받기까지

| 1회차 ⏱ 분 | 2회차 ⏱ 분 | 3회차 ⏱ 분 | 4회차 ⏱ 분 | 5회차 ⏱ 분 |

STEP 1 — 언제 선생님이 오셔?
When does the teacher come?

- 현재시제
- 기본형 : She swims / She doesn't swim
  Does She swim? / Doesn't She swim?

말문 트기 비법 1(4변형)과 2-1(어순 늘리기)을 같이 넣어서 연습할 겁니다. 의문사도 같이 연습할게요. 의문사는 항상 맨 앞에 둡니다.

01	A	언제 선생님이 오셔?
02	B	선생님은 오후 1시에 오셔.
03	A	우리는 뭘 해?
04	B	우리는 앉고 책을 꺼내.
05	A	J는 왜 책을 안 꺼내?
06	B	J는 공부 안 해. 걘 항상 자.
07	A	너는 공부해?
08	B	응, 나는 공부해. 나는 책 읽고 배워.
09	A	왜 쟤들은 도시락 가지고 있어?
10	B	쟤들은 수업 중에 먹어.
		쟤들도 공부 안 해.
11	A	선생님들은 뭘 좋아해?
12	B	선생님들은 좋은 학생들을 좋아해.
13	B	선생님들은 나쁜 학생들은 신경 안 써.
14	A	쟤들은 매일 춤춰?
15	B	그들은 매일 춤추진 않아.
		그들은 가끔 춤춰.
16	A	이 수업은 언제 끝나?
17	B	이 수업은 오후 2시에 끝나.

| 1회차 ⏱ 분 | 2회차 ⏱ 분 | 3회차 ⏱ 분 | 4회차 ⏱ 분 | 5회차 ⏱ 분 |

STEP 1   언제 선생님이 오셔?
When does the teacher come?

- 현재시제
- 기본형 : She does / She doesn't do
  Does she do? / Doesn't she do?

현재형을 배우고 나면 꼭 자기 일상을 영어로 묘사해보는 습관을 들여보세요.

01	A	When does the teacher come?
02	B	The teacher comes at 1 p.m.
03	A	What do we do?
04	B	We sit and take our books out.
05	A	Why doesn't J take his book out?
06	B	J doesn't study. He always sleeps.
07	A	Do you study?
08	B	Yes, I study. I read and learn.
09	A	Why do they have lunches?
10	B	They eat in class.
		They don't study, either.
11	A	What do teachers like?
12	B	Teachers like good students.
13	B	Teachers do not care bad students.
14	A	Do they dance everyday?
15	B	They don't dance everyday.
		They dance sometimes.
16	A	When does this class finish?
17	B	This class finishes at 2 p.m.

POINT

- 주어가 3인칭 단수일 땐 동사에 −s, −es가 붙는 것에 유의하세요.

- 동사에 s(es)가 붙었다 안 붙었다 해서 자꾸 실수할 텐데요. 많이 틀려보고 고쳐나가면 돼요. 이건 엄청 어려운 게 아니라 단순히 입에 덜 익숙한 거니까요.

- 현재형으로 일기를 쓰는 것도 좋습니다. 3인칭 연습을 위해 주어를 '내'가 아닌 '그(그녀)'로도 꼭 해보세요.

  예〉 I wake up at 7. → He(She) wakes up at 7.

The pessimist sees difficulty in every opportunity.
But the optimist sees opportunity in every difficulty.

비관주의자는 모든 기회에서 어려움을 발견합니다.
낙관주의자는 모든 어려움에서 기회를 발견하지요. :)

| 1회차 ⏱ 분 | 2회차 ⏱ 분 | 3회차 ⏱ 분 | 4회차 ⏱ 분 | 5회차 ⏱ 분 |

STEP 2

너는 아침에 뭐해?
What do you do in the morning?

- 현재시제 + 말문 늘리기 I
- 현재형 스토리로 연습

많이 어렵지 않으니 입에 붙도록 반복해서 연습하세요.

01	너는 아침에 뭐해?
02	나 그 공원에서 뛰어.
03	아침에 얼마나 오래 뛰는데?
04	한 시간 동안 뛰어.
05	너 아침에 커피 마시니?
06	응, 나 커피 매일 마셔. 나는 커피 좋아해.
07	너희 어머니도 커피 좋아해?
08	아니, 우리 어머니는 커피를 안 마셔.
09	왜 어머니는 커피 안 마시는데?
10	어머니는 그거 안 좋아해.
11	그럼 어머니는 뭐 마셔?
12	엄마는 그녀의 건강을 위해서 오렌지주스를 마시지.
13	너 커피 마신 다음에는 뭐해?
14	나는 일하러 가.
15	뭐 하는데? (무슨 일 하는데?)
16	나는 영어를 가르쳐.
17	너는 하루에 몇 시간 일하니?
18	나는 하루에 8시간 일해.
19	너는 네 직업을 좋아해?
20	응, 나는 내 직업이 좋아.

| 1회차 ⏱ 분 | 2회차 분 | 3회차 분 | 4회차 분 | 5회차 분 |

STEP 2   너는 아침에 뭐해?
What do you do in the morning?

- 현재시제 + 말문 늘리기 I
- 현재형 스토리로 연습

우리가 정식으로 연기를 배우는 건 아니지만 '대본 리딩'으로 검색해서 연기자들이 어떤 식으로 연습하나 참고해도 재밌을 거예요.

01	What do you do in the morning?
02	I run in the park.
03	How long do you run in the morning?
04	I run for one hour.
05	Do you drink coffee in the morning?
06	Yes, I drink coffee everyday. I love coffee.
07	Does your mother like coffee, too?
08	No, my mother doesn't drink coffee.
09	Why doesn't your mother drink coffee?
10	My mother doesn't like it.
11	Then, what does your mother drink?
12	She drinks orange juice for her health.
13	What do you do after drinking coffee?
14	I go to work.
15	What do you do?
16	I teach English.
17	How many hours do you work a day?
18	I work for 8 hours a day.
19	Do you like your job?
20	Yes, I like my job.

POINT

- 03. 아직 책에서 안 배운 표현입니다.

- 17. 역시 아직 안 배운 표현이 들어가 있어요.

    - **How many hours** 몇 시간 (얼마나 많은 시간)
    - **How many days** 몇 일 (얼마나 많은 날들)
    - **How long** 얼마나 오래
    - **How much** 얼마나 많이 (much는 못 세는 명사에 씁니다)

- '얼마나 많이' '얼마나 오래'이런 표현을 헷갈려 하세요. 일단 말해보고, 많이 응용해보는 게 비법!

Every problem is an opportunity for us to grow.

모든 문제는 우리가 성장하기 위한 하나의 기회입니다.

| 1회차 　분 | 2회차 　분 | 3회차 　분 | 4회차 　분 | 5회차 　분 |

STEP 3 그는 뭘 좋아해?
What does he like?

- 현재시제 + 말문 늘리기 Ⅱ
- 3인칭 집중 연습

3인칭으로 스스로 연습해보라고 했지만, 보통 스스로는 잘 안 해서 만들어뒀어요!

01	그는 뭘 좋아해?
02	그는 영어를 좋아해.
03	왜 그는 영어를 좋아해?
04	그는 말하기(대화)를 좋아해.
05	그는 운동하기도 좋아해.
06	그는 매일 운동해?
07	그는 매일 그 학교에서 뛰어.
08	일주일에 며칠을 뛰어?
09	그는 일주일에 3일 뛰어.
10	그는 어떻게 영어를 공부해?
11	그는 영어를 공부하지 않아.
12	그는 영어를 연습해.
13	그는 매일 책을 읽어.
14	그리고 그 책에 대해 영어로 설명해.
15	그가 그 책에 대해 영어로 설명한다고?
16	너도 그걸 하니?
17	응, 나도 매일 연습해.
18	너도 그걸 연습해보는 게 어때?
19	좋아! 오늘부터 나도 연습한다!

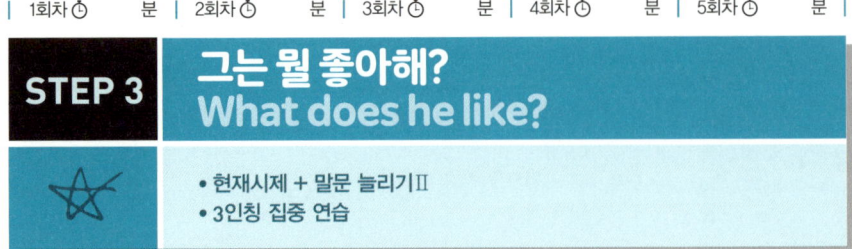

STEP 3 — 그는 뭘 좋아해? / What does he like?

- 현재시제 + 말문 늘리기 II
- 3인칭 집중 연습

그냥 영어 지문만 실감나게 연기하듯 읽어봐도 도움은 됩니다.

01	What does he like?
02	He likes English.
03	Why does he like English?
04	He likes talking.
05	He also likes exercising.
06	Does he exercise everyday?
07	He runs in the school everyday.
08	How many days does he run a week?
09	He runs 3 days a week.
10	How does he study English?
11	He doesn't study English.
12	He practices English.
13	He reads a book everyday.
14	And he explains about the book in English.
15	Does he explain about the book in English?
16	Do you also do it?
17	Yes, I practice it everyday.
18	Why don't you practice it?
19	Good! I practice from today.

POINT

- 18. why don`t you 식으로 패턴화 해서 '~하는 게 어때?' 라고 가르치는 방식이 있었어요. 정확히는 상황에 따라 왜 안 하는 건지 묻는 것도 되고, 하는 게 어떠냐고 권유하는 것도 돼요. 한국어로도 '너 왜 안 가?'가 '가지 그러냐~'도 되고 '왜 안 가는 거야?' 도 되지요.

- 원래 제가 영어를 가르치기 시작한 것은 삶에 대해 고민하고 내가 누굴까를 생각하게 되면서였거든요. 그래서 학생들과 인생에 대해 많은 이야기를 나누었습니다. 그리고 현재형을 연습하면서 항상 제일 중요한 두 가지 질문. Who Am I? What do I live for?(나는 누구이고, 왜 사는가?)에 대한 답을 찾아야 한다고 하면서 이런저런 이야기를 많이 들려주기도 했어요. 빌 게이츠도 수십 년 동안 생각을 해오면서 가장 중요한 질문이 저 두 가지라고 했습니다. 여러분도 지금 한번 이 질문에 대한 본인의 답을 적어보세요.

① **Who am I?** :
② **What do I live for?** :

Every failure is a step to success.

모든 실패는 성공으로 가는 한 걸음이에요.

| 1회차 ⏱ 분 | 2회차 ⏱ 분 | 3회차 ⏱ 분 | 4회차 ⏱ 분 | 5회차 ⏱ 분 |

STEP 4 우리는 항상 월말에 만나
We always meet at the end of the month

- 현재시제 + 말문 늘리기 Ⅲ
- 말문 트기 비법 3-2 : 명사를 데려올 땐 '전치사'

전치사는 많이 해봐야 돼요. 많이 틀려보면서 익히세요.

01	우리는 항상 월말에 만나.
02	우리는 보통 정오쯤에 만나.
03	그는 서울에 살아.
04	그는 달리기에서 빛이 나. (잘해)
05	그는 영어에서 좋아. (잘해)
06	우리는 그의 말에 일어난다.
07	그는 밤에 일해.
08	그녀는 아침에 운동해.
09	난 너에게 화났어.
10	난 너랑 있음에 화가 나.
11	그는 항상 영어를 말해.
12	그는 항상 영어로 말해.
13	우리 영어 공부하지 말자.
14	우리 영어로 연습하자.
15	나는 영어로 먹고 살아.
16	그는 일주일에 100달러로 살아.
17	나는 대구에서 멈췄다가 부산에서 머물 거야.
18	내 마음은 영원할 거예요. (계속 갈 거야)
19	너는 내게 기대도 돼.

STEP 4 — 우리는 항상 월말에 만나
We always meet at the end of the month

- 현재시제 + 말문 늘리기 Ⅲ
- 말문 트기 비법 3-2 : 명사를 데려올 땐 '전치사'

처음엔 문장 만드느라 정신없을 수 있지만, 익숙해지면 꼭 연기까지 해보세요.

01	We always meet at the end of the month.
02	We usually meet at around noon.
03	He lives in Seoul.
04	He shines at running.
05	He is good at English.
06	We wake up at his word.
07	He works at night.
08	She exercises in the morning.
09	I am angry at you.
10	I am angry with you.
11	He always speaks English.
12	He always speaks in English.
13	Let's not study English.
14	Let's practice in English.
15	I live on English.
16	He lives on 100 dollars a week.
17	I will stop at Daegu and stay in Busan.
18	My heart will go on.
19	You can lean on me.

POINT

- at / in / on 비교 : at, in 둘 다 '장소' '어느 지점'을 말할 때 쓰지만 at은 '점'의 느낌, in은 '공간'의 느낌. on은 단순히 '위'라기보다는 붙어 있는 느낌. 그래서 '의존'의 느낌도 있어요. off는 on과 반대. off는 떨어진 거예요.

- 영어 어순이란 게, 한국어와 다른 부분이라 익숙지 않을 뿐이지 연습해보면 재미있고 익숙해집니다. 평소 접하는 모든 말들을 영어 어순으로 배열하는 연습을 해보면 좋아요. 다만 일상에서 사용되는 말들은 영어 어순으로 그대로 바꾸면 이상해지는 것들이 있어요. 일단 이 책에 있는 문장부터 해보세요.

- 문법식으로 무조건 외우는 게 아닌, 이런 친절한 설명을 '참고'로 직접 영어를 많이 접하면서 영어 안에서 그 전치사 느낌 자체를 많이 경험해야 됩니다!

연수입 50만 원에서
2억대 연봉을 받기까지

저는 비전공 비연수로 영어 독학을 시작해 6개월 만에 강의를 시작했습니다. 국내파 영어 고수들 수천 명을 조사하고, 관련 책을 연구하고 적용한 끝에 저의 영어 실력도 늘고, 3천여 명의 학생들도 영어가 늘고, 영어책을 이미 4권이나 낸 진짜 전문가가 되었습니다.

처음에 수업을 했을 때 주 1시간씩 4주를 강의해 4만 원 받았으니 월 4만 원 수입이었어요. 그렇게 시작해 경험을 쌓으며 월 10~20만 원 됐을 때 동네 형에게 물었어요.

"형, 우리가 한 달에 100만 원 벌 수 있을까?"

말하고 나서 그런 제 모습에 스스로 화가 나서 결심하고 노력했지요. 게임을 포함한 쓸데없는 짓을 싹 끊고 영어와 독서에 집중하기 시작했어요. 월 4만 원 수입에서 500~600만 원이 되는 데 4년쯤 걸렸고, 7년차쯤 되서 1,200만 원을 넘겼습니다. 매출이 아니라 순이익이었고요. 일반 직장에서 1억 연봉 실수령액이 650만 원가량 하는 것을 감안하면 연봉 2억 수준이라 봐도 될 거예요. 게다가 이미 갖추어진 회사 시스템을 이용하지 않았고, 비전공 비연수라는 단점을 안고, 국내 어학연수란 개념이 없을 때 시장을 개척하며 만든 수익이라는 점을 감안하면 더 의미가 있죠. 화학공학과 1학년 1학기 (학점 0점대)만

다니고 휴학 후 장기간 백수로 지냈던 제가 어떻게 이런 급작스런 성장을 해낼 수 있었을까요?!

바로 자신감과 도전이었어요. 자신감은 '자신을 믿는 마음'입니다. '네. 해드릴게요' '잘하겠습니다' 등의 못 지킬 약속은 아예 하지 않고, 작은 목표를 정해 계속 성취감을 쌓는 게 중요해요. '이번 달 독서를 5권 했으니 좋은 일이 생길 거야' '오늘 기부를 ○○만 원 했으니 좋은 일이 생길 거야' 식으로 『명심보감』의 맨 앞에 나오는 말인 '착한 일을 하면 하늘이 복을 내린다'를 삶에 적용해보세요.

이렇게 생긴 자신감을 가지고 무한도전을 했습니다. '성공자들은 평균 17회의 도전 끝에 1번 성공했다.' 라는 문장을 마음에 새기고, 새로운 사람과의 만남을 소중히 여기고, 감사한 마음으로 도전에 도전을 계속 하며 여러 경험을 많이 쌓았어요. 같은 실수를 반복하지 않고 메모하고 고치길 여러 번 하다 보니 좋은 결과가 나왔습니다.

원하는 결과를 얻기 위해서는 다음과 같이 반복하면 됩니다.

1 좋은 결과를 이미 경험한 이들을 찾아서
2 연구하고 배우고
3 그대로 행하고
4 결과가 나오면 반성하고 개선한다.

달리 말하면 열심히 노력하고도 만족스럽지 않은 결과를 위해선 이렇게 하면 돼요.

1. 좋은 결과를 경험한 이들을 찾지 말고
2. 성공한 이들을 보면 계속 '저런 거 나도 하겠다' '운 좋아서 됐겠지' 식으로 말만 하고 비판하고 배우지 말고
3. 계속 자기가 해오던 대로 행하고
4. 혹시 안 좋은 결과가 나오면 반성하지 말고 스트레스 받은 걸 술이나 드라마, 친구와의 수다로 풀어버리면 됩니다. (폴 문제는 그대로 두고요.)

책에 소개된 '영나한' 학습법은

1. 제 자신이 성인이 되어 엄청난 시행착오 끝에 영어가 늘었던 경험을 (원어민, 교포, 조기유학자, 조기 영어학습자, 학교 우등생으로 엄청난 노력을 해서 영어 잘한 이들은 한국 성인을 이해할 턱이 없습니다.)
2. 많은 사람들에게 적용해 그들 또한 영어가 느는 수많은 결과를 얻었고
3. 이런 학생 출신으로 강사를 만들고
4. 학생 출신 영어강사가 또 다른 왕초보의 영어 실력을 키워 강사로 만들었어요.

수많은 결과로 증명한 영어 훈련법입니다.

Don't wish for it. work for it!
바라고만 있지 마세요. 그것을 위해 노력하세요.

DAY 7
현재진행시제

STEP 1 그 선생님이 오고 있어?
Is the teacher coming?

STEP 2 그는 그 교회에서 오고 있는 중이야
He is coming from the church

필수 꿀팁 영어는 공부도, 놀이도 아닌 훈련

| 1회차 ⏱ 분 | 2회차 ⏱ 분 | 3회차 ⏱ 분 | 4회차 ⏱ 분 | 5회차 ⏱ 분 |

STEP 1   그 선생님이 오고 있어?
Is the teacher coming?

- 현재진행시제
- 기본형 : I am reading / I am not reading
  Am I reading? / Am not I reading?

수업 중에 친구와 문자로 대화 중인 상황을 생각하며 말해보세요. (진짜 수업 시에는 수업에 집중합시다!)

01	A	그 선생님이 오고 있어?
02	B	응, 선생님이 오고 있어.
03	A	네 친구들은 뭐 하고 있어?
04	B	내 친구들은 춤추고 있어.
05	A	J는 뭐 하고 있어?
06	B	J는 공부 안 하고 있어. 걘 자는 중이야.
07	A	그 여자애들은 먹고 있어?
08	B	응, 그녀들은 먹고 있어.
		걔네 공부 안 하고 있어.
09	A	K는 연습 중이야?
10	B	아니, K는 연습 안 하고 있어. 그는 생각 중이야.
11	A	누가 노래하고 있지?
12	B	S가 노래하고 있어.
13	A	너는 뭐 하고 있어?
14	B	나는 문자 보내고 있지.
15	A	그 선생님이 안 보고 있어?
16	B	그 선생님이 날 보고 있어.
		선생님이 오고 있어!
		나는 도망가는 중이야!

159

| 1회차 ⏱ | 분 | 2회차 ⏱ | 분 | 3회차 ⏱ | 분 | 4회차 ⏱ | 분 | 5회차 ⏱ | 분 |

STEP 1   그 선생님이 오고 있어?
Is the teacher coming?

- 현재진행시제
- 기본형 : Yor are reading / You are not reading
  Are you reading? / Are not you reading?

상황에 맞게, 속삭이듯이 연습해봐도 좋겠네요.

01	A	Is the teacher coming?
02	B	Yes, the teacher is coming.
03	A	What are your friends doing?
04	B	My friends are dancing.
05	A	What is J doing?
06	B	J isn't studying. He is sleeping.
07	A	Are the girls eating?
08	B	Yes, the girls are eating.
		They aren't studying.
09	A	Is K practicing?
10	B	No, K isn't practicing. He is thinking.
11	A	Who is singing?
12	B	S is singing.
13	A	What are you doing?
14	B	I am sending messages.
15	A	Isn't the teacher seeing?
16	B	The teacher is seeing me.
		The teacher is coming!
		I am running away!

POINT

● 한국인에게 What are you doing?은 친숙한 형태죠? 역시 말문 트기 비법 1(4변형)을 적용해서 다양하게 연습해봐야 돼요!

● be동사는 기본적으론 '=' 개념으로 알아 두면 됩니다. be동사가 모양이 워낙 규칙 없게 변해서 낯설게 보이는 거예요. 원형 be에서 being과 been 두 가지 형태로 되는 건 동일한데(말문 트기 비법 3-4), 주어에 따라 변형된다는 점이 다른 동사와 다른 점이에요.

● 주어가 1인칭이면 am – was
예〉 I am here / I was here
2인칭이면 are – were
예〉 You are nice / You were nice
3인칭 단수면 is – was
예〉 He is up / He was up
3인칭 복수면 are – were
예〉 They are boys / They were boys

● I am going을 '나는 가고 있다'라고 '번역'하는 식으로 배워와서 동사를 going으로 아는 분들이 많은데 am이 동사입니다. I=going라는 걸 의미해요.

● 말문 트기 비법 1(4변형) 자체는 간단합니다. 적용해서 연습하는 데 달려 있어요. 여기까지 해왔으면 스스로 예문을 만들며 연습할 수 있을 거예요. 그래야 영어가 더욱 빨리 늡니다.

Don't limit your challenges, challenge your limits.

당신의 도전에 한계를 두지 마세요. 한계에 도전하세요.

| 1회차 🕐 　　분 | 2회차 🕐 　　분 | 3회차 🕐 　　분 | 4회차 🕐 　　분 | 5회차 🕐 　　분 |

STEP 2　그는 그 교회에서 오고 있는 중이야
He is coming from the church

- 현재진행시제 + 말문 늘리기
- 말문 트기 비법 3-2 : from / of

상황에 맞게, 속삭이듯이 연습해봐도 좋겠네요.

01	그는 그 교회에서 오고 있는 중이야.
02	이걸 여기에서 저기로 옮겨.
03	당신은 어디에서 왔죠? (어디 출신?)
04	그녀는 아침부터 공부합니다.
05	넌 책들로부터 배울 수 있니?
06	그 가게는 오전 8시부터 열어요.
07	치즈는 우유로부터 만들어져요.
08	지금부터 나는 너를 사랑할 거야.
09	당신은 여기에서 그 섬을 볼 수 있어요.
10	나는 그에게서 너를 보호(유지)할 거야.
11	저는 이 차의 주인이 될 거에요.
12	그 집의 문을 여세요.
13	그 학생들 중 두 명은 내 친구야.
14	그는 그들의 사랑이 필요합니다.
15	우리는 밖이야 가스의. (우리 가스 떨어졌어)
16	나는 새가 무서운 상태야.
17	나는 기다리는 것에 지쳤어.
18	나는 그것을 알고 있는 상태야.
19	그거 없애! (제거해)
20	매우 친절하구나 그는!

| 1회차 ⏱ 분 | 2회차 ⏱ 분 | 3회차 ⏱ 분 | 4회차 ⏱ 분 | 5회차 ⏱ 분 |

STEP 2
그는 그 교회에서 오고 있는 중이야
He is coming from the church

- 현재진행시제 + 말문 늘리기
- 말문 트기 비법 3-2 : from / of

영어로 말하기와 연기가 동시에 힘들 땐 영어 말하기부터 해보세요.

01	He is coming from the church.
02	Move this from here to there.
03	Where are you from?
04	She studies from morning.
05	Can you learn from books?
06	The store opens from 8 a.m.
07	Cheese is made from milk.
08	From now on, I will love you.
09	You can see the island from here.
10	I will keep (or protect) you from him.
11	I will be the owner of this car.
12	Open the door of the house.
13	Two of the students are my friends.
14	He needs the love of them.
15	We are out of gas.
16	I am afraid of birds.
17	I am tired of waiting.
18	I am aware of it.
19	Get rid of it.
20	It is very kind of him.

POINT

- from은 해왔던 대로 '~로부터' 정도 해두면 일단 OK. of가 상당히 까다로워요. 단순히 '~의'가 아니거든요. **A of B**라 할 때 둘 사이에 관계, 소유 이런 사이가 되는데 '**A**의 본체는 바로 **B**!'라는 느낌. '가까이에서 **A**라는 잎을 봤는데 멀리 떨어져서 보니 **B**라는 나무의 잎(**A**)' 이런 설명이 도움될 거예요.

- 03. **Where are you from?**은 한국인이라면 당연히(?) 아는 문장이죠. '어느 나라 사람이죠?'로 대응할 게 아니라 **from where**(어디에서) **are you**(너는 이죠?) 정도로 보는 게 맞아요. 친구가 헐레벌떡 어디선가 달려왔다면 **Where are you from?** (너 어디서 오는 길이야?) 정도로 물어 볼 수도 있는 거고, 국내 거주 외국인 친구를 만났을 때 **Where are you from today?** (너 오늘은 어디서 오는 길이야?)라고 묻는 뜻도 되니까요.

- 전치사 분량이 꽤 되죠? 얘기했듯이 처음부터 **of**=~의, **to**=~로 식으로 '한국어로' 간단하게 해결될 부분이 아니었어요. 한국어에 없는 것을 새로 배우는 것이므로 이런 예문을 통해 감을 잡고 실제로 영어를 접하면서 익혀나가야 합니다. 몇 년 연습한다고 '마스터'가 되진 않지만 어느 선에서 일단 감이 옵니다. 그때까지만 좀 버텨보세요. 전치사 연습 마지막입니다.

영어는 공부도,
놀이도 아닌 훈련

영어(언어)를 잘한다는 것은 사실 두 가지 시점에서 접근해야 돼요. 하나는 말의 유창성이고, 다른 하나는 그 내용이죠. 말의 유창성에 대해 예를 들면 대개 남자보다 여자들이 말을 잘하죠. 영어가 모국어인 원어민들에 비해 한국인들은 당연히 발음이나 여러 표현들에서 차이가 납니다.

그런데 미국인이 한국인보다 한국어 발음이 더 좋을 필요가 있을까요? 그런 경우는 많지 않을 거예요. 알아듣기에 문제없으면 '한국어 발음 좋다'라고 우리는 생각합니다.

우리가 영어를 공부 해도 안 된 이유는 방법이 잘못되었기 때문이죠. 영어 이론을 '공부' 하고 있으니 안 된 거죠. 그래서 제가 '영어 공부'라는 단어보다 계속 '영어 훈련'이라고 반복하고 말하고 있어요. 수영 이론을 공부하면 수영이 되나요?! 바른 방법으로 훈련하면 분명히 늡니다. 그런데 노는 게 아니라 훈련입니다. 물장난과 수영 훈련은 다르죠. 친구들과 워터파크에서 물놀이를 한다고 수영 실력이 늘진 않지요. '실력 상승'이 목표라면 어느 정도 힘듦을 견뎌야 합니다. 물론 대부분의 한국인들에게 영어의 1차 목표는 전혀 불가하던 '영어로의 의사소통'을 가능하게 해서 외국인과 대화하고 해외 나가서 소통하는 정도일 거예요.

월드컵을 준비하는 수영선수들처럼 엄청난 훈련을 할 필요는 없

지만 물장난보다는 사실 더 힘들죠. 아무것도 모르는 상태에서 수영이나 다른 외국어를 배우면 좋지만, 한국인에 있어서 영어는 '눈으로', '머리로' 암기하고 분석하는 습관이 있어서 이걸 고치는 영어 훈련이 또 필요하지요.

요즘 점점 몸매의 중요성이 강조되면서 PT(Personal Training) 시장이 커지고 있죠? 혼자서는 자신의 한계에 도전하기 쉽지 않기에 다른 이의 도움을 받는 것이죠. 영어 훈련도 마찬가지로, 옆에서 트레이너가 '한 번 더!' '쉬운 것만 하면 늘지 않아요!' 해주면서 끌어줘야 대부분 하게 됩니다. 전 뒤에 나올 〈수진이 학습법〉을 스스로에게 엄청나게 적용했기에(가르치기도 하고, 영어 스터디를 보아서 하다가, 실력 늘면 다른 스터디 또 열기를 수백 번 함) 계속 늘게 됐어요.

그래서 학생들에게 학원 다니지 말고 혼자 하라고 수없이 말해왔지만 거의 안 되더라고요. 이제는 웬만하면 영어 PT를 받으라고 합니다. 옆에서 트레이너가 시켜야 겨우 하니까요. 힘들게 시킨다고 빼지는 분도 있지만요. 책으로 접하는 독자님들은, 앞에서 말씀드렸듯 종이책이라고만 생각지 마시고 제가 직접 독자님 한 분 한 분을 위해 편지를 쓴 거라 생각하시고 도움이 될 부분에 집중하면서 바로 해보세요. 그래서 〈수진이 학습법〉과 가르치면서 배우는 〈정회일 영어 학습법〉 설명도 여러 번 적어두었지요. 보지만 마시고 실천해보세요. 책 한 권으로 국내 최고의 영어 트레이너에게 (세계 최고이기도 합니다. 어차피 해외파들은 한국인 이해가 힘드니) 훈련을 받으면 좋잖아요?

그다음은 내용이지요. 미국인이 아무리 좋은 한국어 발음으로 말을 한들, 그 내용이 별로면 듣지 않게 되지 않을까요? 그래서 항상 콘텐츠, 생각의 힘을 강조하게 되는 거예요.

대한민국에 수많은 영어 학원이 있습니다. 그런데 수년간 배워도 영어로 말을 못하죠. 영어 말하기 실력이 느는 소수의 경우에도 자기 생각을 말하는 게 아니라 자꾸 선생님이 뽑아주는 유용한 표현 등을 외워 말하는 식입니다. 이래선 자신의 콘텐츠가 없게 됩니다.

내 생각을 말할 수 있어야죠. '영어를 잘한다는 것'은 단지 '좋은 영어 발음으로 말을 많이 한다'가 아닌 '내 생각을 잘 표현하고 전달하는 것'이 돼야 하지 않을까요?

Don't grow old, grow up.

늙지 말고, 성장하세요.

DAY 8

복습

STEP 1   너는 꿈이 있니? Do you have a dream?
STEP 2   버스에 올라라 Get on the bus
STEP 3   그는 무엇을 가졌어? What does he have?
STEP 4   너 공부하게 여기 머물 거야?
               Will you stay here to study?
필수 꿀팁   번역은 No! 영어방 만들기

| 1회차 ⏱ 분 | 2회차 ⏱ 분 | 3회차 ⏱ 분 | 4회차 ⏱ 분 | 5회차 ⏱ 분 |

STEP 1　너는 꿈이 있니?
Do you have a dream?

- Review (can, will, do)
- 조동사 복습

can, will, do 조동사만 한 번 더 연습할게요.

01	A	너는 꿈이 있니?
02	B	응, 나는 꿈이 있어.
		나는 영어를 가르칠 거야.
03	A	네가 영어를 가르칠 거라고?
		해외에 나가지도 않고 영어를 가르칠 수 없어!
04	B	아냐, 난 할 수 있어.
05	A	너의 꿈을 위해서 무엇을 하는데?
06	B	나는 책을 읽고 공부를 해.
07	A	책 얼마나 많이 읽어?
08	B	일주일에 두 권을 읽어.
09	A	모든 책들을 사니?
10	B	아니, 다 살 수는 없어. 난 도서관에 가.
11	A	도서관에 언제 가니?
12	B	보통 일요일마다 가.
		근데 이번 일요일은 도서관에 못 가.
13	A	언제 갈 수 있는데?
14	B	나는 내일 도서관 갈 거야.
15	A	너랑 같이 가도 돼?
16	B	응, 와도 돼.
17	A	나도 꿈을 위해 일주일에 책 두 권씩 읽을 거야!

| 1회차 ⏱ 분 | 2회차 ⏱ 분 | 3회차 ⏱ 분 | 4회차 ⏱ 분 | 5회차 ⏱ 분 |

STEP 1   너는 꿈이 있니?
Do you have a dream?

- Review (can, will, do)
- 조동사 복습

연기력 많이 좋아지고 있지요?

01	A	Do you have a dream?
02	B	Yes, I have a dream.
		I will teach English.
03	A	Will you teach English?
		You can't teach English without going abroad!
04	B	Yes, I can teach English.
05	A	What do you do for your dream?
06	B	I read books and study.
07	A	How many books do you read?
08	B	I read 2 books a week.
09	A	Do you buy all the books?
10	B	No, I can't buy all. I go to a library.
11	A	When do you go to the library?
12	B	I usually go to the library on Sundays.
		But I can't go to the library this Sunday.
13	A	When can you go?
14	B	I will go to the library tomorrow.
15	A	Can I go with you?
16	B	Yes, you can come.
17	A	I will read 2 books a week for my dream!

172

POINT

- 한국어에는 조동사가 없어요. 이 책의 설명을 참고로 직접 많이 해봐야 됩니다!

- I drive → 나는 운전해
  I shall drive → 나는 운전해야 돼
  I will drive → 나는 운전할 거야
  I can drive → 나는 운전할 수 있어
  I may drive → 나는 운전할지도 몰라
  굳이 우리말로 바꿔보자면 이 정도가 됩니다. 조동사를 사용함으로써 동사의 느낌이나 강도가 조금씩 달라져요.

- **can you go?** / **will you go?** / **do you go?** 구분을 어려워하는 경우가 많은데 **you go**(너는 간다) 그냥 이 기본문 자체를 질문하는 게 **do you go?**(너는 가?)예요. **can you go, will you go?** 이렇게 조동사가 사용된 문장은 그 조동사의 느낌이 들어갑니다. 그래서 '니는 갈 수 있어?' '너 갈 거야?' 정도가 됩니다.

173

Dream no small dreams
(for they have no power to stir the souls of men.)

작은 꿈들을 꿈꾸지 마세요
(왜냐면 작은 꿈은 사람들의 영혼을 움직일 힘이 없어요.)

| 1회차 ⏱ 분 | 2회차 ⏱ 분 | 3회차 ⏱ 분 | 4회차 ⏱ 분 | 5회차 ⏱ 분 |

STEP 2   버스에 올라라 Get on the bus

- Review + 말문 늘리기
- 말문 트기 비법 3-2 : on / off, about / of

전치사가 좀 어렵죠? 노노노~ 어려운 게 아니라 익숙하지 않은 거라니까요.

01	버스에 올라라. (타라)
02	버스에서 내려. (떨어져)
03	TV가 켜져 있다.
04	그 옷 입어. (내려놔 너를 그 옷에)
05	그 옷 벗어.
06	그 미팅 연기해.
07	이것들은 10% 할인입니다. (떨어져요)
08	잔디에서 떨어져 있으세요.
09	그 비행기는 오전 10시에 이륙해요.
10	자랑하지 마.
11	난 휴가 중이야. / 난 전화하는 중이야.
12	나는 동물에 대한 책을 가졌어.
13	그에 대해 생각해라.
14	그를 생각해라.
15	나는 가려는 중이야.
16	너 전화하려던 참이었어?
17	어떻게 너는 그를 알아?
18	너는 그에 대해 알아?
19	그에 대한 무엇인가가 이상해.
20	너는 뭐에 대해 말하는 거야?

| 1회차 ⏱ 분 | 2회차 ⏱ 분 | 3회차 ⏱ 분 | 4회차 ⏱ 분 | 5회차 ⏱ 분 |

STEP 2　버스에 올라라 Get on the bus

- Review + 말문 늘리기
- 말문 트기 비법 3-2 : on / off, about / of

전치사가 좀 익숙해지는 데 시간이 걸리니, 어려우면 이해되는 데까지 보고 다음에 또 보세요.

01	Get on the bus.
02	Get off the bus.
03	TV is on.
04	Put the clothes on.
05	Take the clothes off.
06	Put the meeting off.
07	These are 10% off.
08	Keep off the grass.
09	The airplane takes off at 10 a.m.
10	Don't show off.
11	I am on a vacation. / I'm on a phone.
12	I have books about animals.
13	Think about him.
14	Think of him.
15	I am about to go.
16	Were you about to call?
17	How do you know of him?
18	Do you know about him?
19	Something about him is strange.
20	What are you talking about?

POINT

- **on / off** : **on**은 '위'라기보다는 '접촉' 정도가 좋습니다. **off**는 반대로 '떨어진' 거예요. 'TV 켜라 / 꺼라'는 많이 '외워온' 표현일 텐데요. **turn**이 '바꾸다, 전환하다' 정도가 되니 **turn the TV on**이라 하면 바로 '그 TV를 **on** 상태로 되게 해라,' '켜라'의 느낌이 나와요. 스위치가 붙으면 전원이 들어오는 걸 생각하면 됩니다. **about** : '~대해' '~주위에' 정도로 일단 OK.

- 12. 책인데 동물에 관한, **on animals**도 쓸 수 있어요. 접촉이 되니 좀 더 자세한, 밀접한 느낌이 됩니다.

- 13~14. **think of him** 하면 '그'를 생각한 것, **about him**이면 '그에 대한 것'을 생각한 것.

- 15. '내가=상태'인데, **about**(근처) **to go**(가려는) 정도가 되어 이런 뜻이 돼요. **about**을 빼고 **I am to go** 하면 '나는 갈 거야'가 되죠. **to**는 방향이고, 움직임이 나오거든요.

- 20. 원래 **about what**(뭐에 대해) **are you talking?**(얘기해?)인데 의문사가 항상 맨 앞에 나와야 해서 **about**이 뒤로 갔어요.

**If we don't change, we don't grow.
If we don't grow, we aren't really living.**
우리가 변하지 않으면, 우리는 성장할 수 없어요.
우리가 성장하지 않으면 우리는 살아 있는 것이 아닙니다.

| 1회차 ⏱ 분 | 2회차 ⏱ 분 | 3회차 ⏱ 분 | 4회차 ⏱ 분 | 5회차 ⏱ 분 |

STEP 3 | 그는 무엇을 가졌어?
What does he have?

- Review (현재, 현재진행)
- 현재 : I do
- 현재진행 : I am doing

01~10번은 남자가 책상에 앉아 책 읽는 모습을 상상하며, 11~20번은 카페에서 한 남녀가 차를 마시고 있는 모습을 상상하며 영어로 말해보세요.

01	A	그는 무엇을 가졌어?
02	B	그는 책과 TV를 가졌어.
03	A	그는 TV 보고 있지 않아?
04	B	아니, 그는 TV 보고 있지 않아.
05	A	그럼 그는 무엇을 하고 있어?
06	B	그는 책 한 권을 읽고 있어.
07	A	그는 피아노를 가지고 있어?
08	B	응, 그는 피아노를 가졌어.
09		그는 피아노를 연주하지만,
10		지금은 피아노를 연주하고 있지 않아.
11	A	누가 그 카페에 있어?
12	B	J와 M이 그 카페 안에 있어.
13	A	그들은 뭘 하고 있어?
14	B	그들은 차를 마시고 있어.
15	A	M은 커피를 마시고 있니?
16	B	아니, M은 커피 마시고 있지 않아.
17		M은 커피를 안 좋아해.
18		M은 주스를 마시고 있어.
19	A	J도 주스 마시고 있어?
20	B	아니, J는 커피 마시고 있어.

| 1회차 ⏱ 　　분 | 2회차 ⏱ 　　분 | 3회차 ⏱ 　　분 | 4회차 ⏱ 　　분 | 5회차 ⏱ 　　분 |

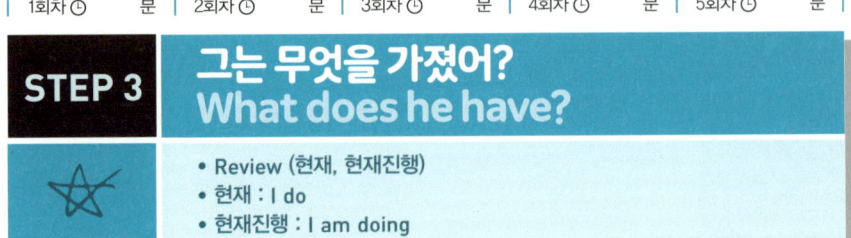

STEP 3　그는 무엇을 가졌어?
What does he have?

- Review (현재, 현재진행)
- 현재 : I do
- 현재진행 : I am doing

앞에서 말한 내용을 확인해봅시다.

01	A	What does he have?
02	B	He has a book and TV.
03	A	Isn't he watching TV?
04	B	No, he isn't watching TV.
05	A	Then, what is he doing?
06	B	He is reading a book.
07	A	Does he have the piano?
08	B	Yes, he has the piano.
09		He plays the piano,
10		but he is not playing the piano.
11	A	Who is in the cafe?
12	B	J and M are in the cafe.
13	A	What are they doing?
14	B	They are drinking tea.
15	A	Is M drinking coffee?
16	B	No, M isn't drinking coffee.
17		M doesn't like coffee.
18		M is drinking juice.
19	A	Is J drinking juice?
20	B	No, J is drinking coffee.

POINT

- 말문 트기 비법 3-1은 '주어+동사'였죠? 이 동사가 크게 두 가지로 나뉘는데,

  He goes, You like me, I like my dog 식의
  ① **A → B**

  He is here, You are tall, I am rich 식의
  ② **A=B** 가 있습니다.

  주어가 '→' 하는 건지, '=' 인지를 반복 연습을 통해 익혀야 돼요.

- 워낙 중고등학교 때 잘못 배운 탓에, 특히나 토익책이라도 좀 보신 분들은 자꾸 '이게 문법에 맞아요?' 하며 연구하고 따지려는 경향이 있어요. 부디 그냥 소리 내어 반복 연습하고, 실생활에서 스스로 예문을 만들어보며 연습하세요. 그래서 **Is he speak?, Why do you angry?, Where does he living?** 이런 말을 들었을 때 그냥 저절로 '어색함'을 느끼고 자연스럽게 바르게 말할 수 있어야 됩니다.

- J, M 은 임의로 넣은 이름이고 여러분이 아는 사람 이름을 넣어서 연습하면 더 좋지요.

- 악기 앞에는 **the**를 붙입니다.

If you can dream it, you can do it.

당신이 꿈꿀 수 있다면, 당신은 할 수 있습니다.

| 1회차 ⏱ 분 | 2회차 ⏱ 분 | 3회차 ⏱ 분 | 4회차 ⏱ 분 | 5회차 ⏱ 분 |

STEP 4 — 너 공부하게 여기 머물 거야?
Will you stay here to study?

- Review + 말문 늘리기
- 말문 트기 비법 3-2 (전치사 + 명사), 3-3 (to + 동사)

전치사도 넣어서 정리 연습을 해볼게요. 영어의 어순을 반복 연습으로 체화하세요. 기본 개념은 그냥 주어에서부터 → 화살표 방향으로 말하는 거예요.

01	A	너 공부하게 여기 머물 거야?
		난 빵 먹으러 그 빵집 갈래.
		너도 나랑 빵 먹으러 갈래?
02	B	난 오늘 빵 안 먹을래.
		근데 뭔가 마실 거 사러 갈래.
		너 내 숙제 끝내게 도와 줄 수 있어?
03	A	아니, 난 널 안 도와줄 거야.
		너는 네 숙제를 너 스스로 할 수 있어.
		내가 마실 물을 너에게 갖다 줄게.
04	B	근데 너 내일 나랑 그를 보러 갈 수 있어?
		그가 너한테 줄 뭔가를 가졌어.
05	A	내일? 나 내 강아지랑 산책하러 한강 갈 건데.
		우리 내일 같이 걷고 얘기하게 한강에서 만날까?
06	B	그래. 그렇게 하자.
		내가 그에게 내일 한강으로 오라고 말할게.
07	A	그에게 날 위해 그의 카메라를 가지고 오라고 말해줘.
		나는 그가 우리를 기억하게 사진들을 찍길 원해.

| 1회차 ⏱ 　분 | 2회차 ⏱ 　분 | 3회차 ⏱ 　분 | 4회차 ⏱ 　분 | 5회차 ⏱ 　분 |

STEP 4 너 공부하게 여기 머물 거야?
Will you stay here to study?

- Review + 말문 늘리기
- 말문 트기 비법 3-2 (전치사 + 명사), 3-3 (to + 명사)

어순 연습이 들어가서 헷갈릴 수 있어요. 어순 차이를 반복 연습을 통해 익혀보세요.

01	A	Will you stay here to study?
		I will go to the bakery to eat some bread.
		Will you go to eat some bread with me?
02	B	I won't eat bread today.
		But I will go to buy something to drink.
		Can you help me to finish my homework?
03	A	No, I won't help you.
		You can do your homework by yourself.
		I will bring you some water to drink.
04	B	Anyway, can you go to see him with me tomorrow?
		He has something to give you.
05	A	Tomorrow? I will go to Hangang to walk with my puppy.
		Shall we meet at Hangang to walk and talk together?
06	B	OK. Let's do that.
		I will tell him to come to Hangang.
07	A	Tell him to bring his camera for me.
		I want to take pictures for him to remember us.

POINT

● 개인차가 있겠지만, 일단 영작(어순 연습)이 되고 나서 연기까지 하는 게 나을 거예요.

번역은 No!
영어방 만들기

한 언어를 배울 때 그 언어 자체로 익히면 제일 좋습니다. 중고등학교에서 영어를 잘못 배운 대다수의 경우 영어를 읽으면 답답하다고 느낍니다. 가르치고 배울 때는 일종의 편의를 위해 자꾸 모국어로 번역을 해서 암기해온 탓에 외국어 학습이 느려져요. '해석이 안돼요!'라고 말하는 경우의 상당수는 정확히 말하면 '모국어로 깔끔한 번역이 안 돼서 답답해요'라고 하는 경우에 해당합니다. 번역은 번역가가 하면 되고, 외국어 학습자의 대부분은 접한 외국어가 무슨 내용인지 이해만 하면 되지 않을까요?

1. 답답함을 버텨내야 영어방이 활성화된다

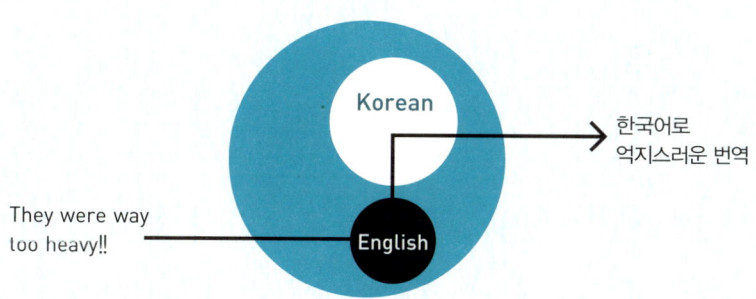

이런 식으로 학습 언어 자체를 계속 받아들이고 사용해서 영어방(=영어뇌)이 만들어져야 돼요. 충분히 확장되면, 내가 무슨 언어를 사용하는지 별다른 의식을 못 하는 경지에 가게 됩니다. 상상만 해도 신나죠?

우리는 이 책에서 한국어 문장을 영어식 어순으로 바꾸어 영어로 말하는 연습을 하는데요. 이건 기존에 대다수 한국인들이 알고 있는 단어를 활용하기 위해서예요. 어느 정도 영어로 말을 할 수 있게 되면 점점 한국어에 의지하지 않고 바로 영어로 입출력이 가능하게 연습해야 돼요. 그러기 위한 주요 방법 중 하나가 '연기하며 연습!'입니다.

실제 말하듯이 하지 않고 그냥 소리만 내어서 'I can speck English' 하는 방식과 진짜 말하듯이 하는 것과의 누적 결과가 영어방이 활용이 되느냐 안 되느냐로 나타나요. 파트너와 연습하는 경우라면 상대방 말을 잘 못 알아들을 때 한국어로 뜻을 물어보지 말고 영어로 나름 질문하려고 해야 돼요. 이게 엄청난 차이를 만듭니다. 지금 당장 영어로 말이 나오지 않더라도 자꾸 시도하면 영어방을 만드는 데 도움이 됩니다.

2. 원서를 소리 내어 반복해서 읽으면, 한국어로 번역할 필요가 없이 계속 영어를 읽고 말하게 되므로 영어방이 활성화되기 시작!

영어방을 만들기 위한 또 다른 좋은 방법은 '소리 내어 읽기' 입니다. 대다수 한국인은 한국어로 번역하는 습관이 있어요. 소리 내어 읽으면 소리를 내는데 신경 쓰느라 한국어로 번역할 시간이 없어요.

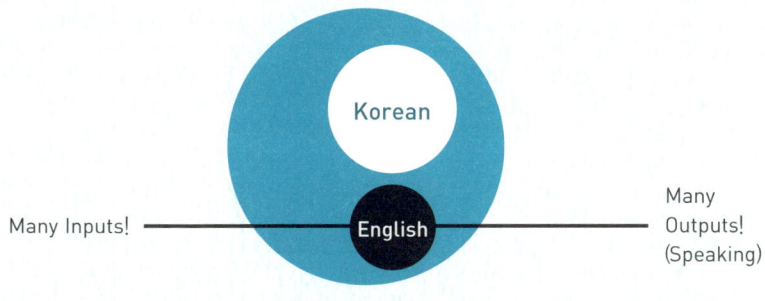

3. 이 작업이 일정량을 넘기게 되면 영어방이 확장되어 영어를 영어 자체로 이해

무슨 말인지 몰라도 한국어로 번역할 시간 없게 자꾸 소리 내어 읽고 말하다 보면 영어방이 활성화됩니다. 다만 '무슨 말인지 모르는' 정도가 단어가 너무 생소하거나, 배경지식이 전혀 없어 내용의 감도 모르는 수준이면 안 되고요. 20~40% 이상 대략 '뭔가에 대한 것인가 보다' 정도 감은 오는 수준의 영어 내용을 가지고 연습해야 합니다.

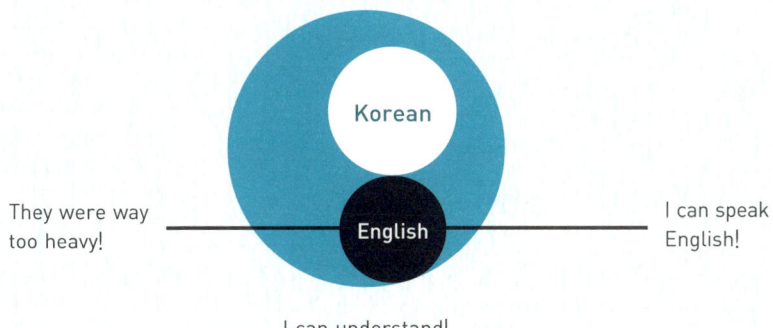

영어방 만드는 법 정리

1. 영어를 접할 때(듣기, 읽기) 한국어로 번역하지 않기
2. 당장 말이 나오지 않더라도 '영어로 어떻게 말할까' 생각해보기
   (생각해보는 것만으로도 영어방 활성화)
3. 영어 말하기 할 때 단순히 소리만 내지 말고 연기하듯, 상황을 생각하며 하기
4. 영어책 소리 내어 매일 읽기

Tip | **영어로 소리내기 위한 장소 찾기가 어렵다면? 붕어 연습법과 이미지 트레이닝!**

음악 연습실 같은 게 집안이나 학교, 학원에 있지 않은 한 애매한 것도 사실이에요. 하지만 위에서 말했듯 의지만 있으면 얼마든지 찾아낼 수 있죠. 집에 방음이 잘 안 되면 화장실이나 베란다도 좋아요. 장롱도 있고요. 플라스틱 통(과자통 등)에 입을 대고 크게 소리를 내도 되죠.

다른 방법으로는 이미지 트레이닝이 있습니다. 복싱을 할 때, 상대방 없이 쉐도우 복싱을 하잖아요? 상대방이 있다고 머릿속으로 상상하면서 연습하는 건데요. 소리 연습을 할 때도 가능해요. 호흡 기관과 발성 기관, 다시 말해 목과 혀, 턱, 입 등을 실제로 소리 낼 때처럼

똑같이 하되 소리는 내지 않거나, 아주 작게 내면서 연습하는 거예요. 몰래 상대방에게 입모양만으로 말을 전할 때 있죠? 그런 느낌과 비슷합니다. 소리는 내지 않아도 비슷한 효과를 얻을 수 있습니다. 그냥 눈으로 보기만 하던 거랑은 확실히 달라요!

DAY 9
과거진행시제

STEP 1 그 선생님은 뭐 하고 있었어?
What was the teacher doing?

STEP 2 나는 공부하게 여기 머물 거야.
I will stay here to study.

필수 꿀팁 영어를 쓸 수 밖에 없는 수진이 만들기

| 1회차 ⏱ 분 | 2회차 ⏱ 분 | 3회차 ⏱ 분 | 4회차 ⏱ 분 | 5회차 ⏱ 분 |

STEP 1   그 선생님은 뭐 하고 있었어?
What was the teacher doing?

- 과거진행시제
- 기본형 : I was doing / I was not doing
          Was I doing? / Was not I doing?

수업 중에 문자하다 혼난 상황에 대해 얘기 중이에요. 큰 소리로 말해보세요.

01	A	그 선생님은 뭐 하고 있었어?
02	B	선생님은 가르치고 있었어.
03	A	네 친구들은 뭐 하고 있었어?
04	B	내 친구들은 춤추고 있었어.
05	A	J는 뭐 하고 있었어?
06	B	J는 공부 안 하고 있었어. 걘 자고 있었어.
07	A	그 여자애들은 먹고 있었어?
08	B	응, 그녀들은 먹고 있었어.
09	A	걔넨 공부 안 하고 있었어.
		K는 연습 안 하고 있었어. 그는 생각 중이었어.
		누가 노래하고 있었어?
10	B	S가 노래하고 있었어.
11	A	너는 뭐 하고 있었어?
12	B	나는 문자 보내고 있었지.
13	A	그 선생님이 안 보고 있었어?
14	B	그 선생님이 날 보고 있었지.
		선생님이 내게 오고 있었어!
		나는 도망가는 중이었어.

191

| 1회차 ⏱ 분 | 2회차 ⏱ 분 | 3회차 ⏱ 분 | 4회차 ⏱ 분 | 5회차 ⏱ 분 |

STEP 1   그 선생님은 뭐 하고 있었어?
What was the teacher doing?

- 과거진행시제
- 기본형 : They were doing / They were not doing
  were they doing / were not they doing?

인형이나 동물이랑 얘기하며 연습해도 좋아요~

01	A	What was the teacher doing?
02	B	The teacher was teaching.
03	A	What were your friends doing?
04	B	My friends were dancing.
05	A	What was J doing?
06	B	J wasn't studying. He was sleeping.
07	A	Were the girls eating?
08	B	Yes, the girls were eating.
		They weren't studying.
09	A	K wasn't practicing. He was thinking.
		Who was singing?
10	B	S was singing.
11	A	What were you doing?
12	B	I was texting messages.
13	A	Wasn't the teacher seeing?
14	B	The teacher was seeing me.
		The teacher was coming!
		I was running away.

POINT

- 구조는 현재진행형과 똑같고, be동사의 시제만 과거로 바뀝니다. 역시 '주어+be동사의 과거형+동사의 ing형' 식으로 암기하는 것은 아무 소용없어요. 그냥 입으로 연습하세요. **What are you doing?**은 익숙한데 **Why weren't they doing?**은 어색할 거예요. 말해본 적이 없어서 그렇죠. 여러 번 소리 내어 입과 혀와 우리 귀가 익숙해져야 됩니다.

- 과거형과 과거진행형을 헷갈려 하는 분들이 있는데, 원인은 '→'와 '='구분이 안 되어 그렇습니다. DAY 8을 통해 →, = 차이를 확실히 익혀두세요. 별표 복습법 적용! OK?

You can't have any success unless you can accept failure.

당신의 실수를 인정하지 않고선 당신은 어떤 성공도 할 수 없어요.

| 1회차 ⏱ 분 | 2회차 ⏱ 분 | 3회차 ⏱ 분 | 4회차 ⏱ 분 | 5회차 ⏱ 분 |

STEP 2 — 나는 공부하게 여기 머물 거야
I will stay here to study

- Review + 말문 늘리기
- 말문 트기 비법 3-2, 3-3 그리고 어순 연습

'이렇게 연습하다 연기자가 되는 거 아냐?' 생각이 들어야 돼요~

01	A	나는 공부하게 여기 머물 거야.
02		너 그를 보러 갈 거야?
03		그를 만나게 내가 널 도와줄까?
04	B	진짜? 넌 내가 그를 만나게 도울 수 있어?
05		나는 더 대화하게 그를 만나는 걸 원해.
06	A	내게 그것에 대해 생각할 시간을 줘.
07		좋아, 내가 도와줄게.
08		그 차를 마시게 그를 그 카페에서 만나.
09		그리고 그 카페의 그 조명 앞에 앉아.
10		그 조명이 너를 더 예뻐 보이게 만들 거야.
11	B	너는 내가 진짜 그 조명 앞에 앉길 원해?
12	A	그래, 나는 네가 거기 앉았으면 좋겠어.
13		너와 영화를 보자고 그에게 말해.
14		그는 너와 사랑에 빠질 거야.

| 1회차 ⏱ 분 | 2회차 ⏱ 분 | 3회차 ⏱ 분 | 4회차 ⏱ 분 | 5회차 ⏱ 분 |

STEP 2 — 나는 공부하게 여기 머물 거야.
I will stay here to study.

- Review + 말문 늘리기
- 말문 비법 3-2, 3-3 그리고 어순 연습

이 쯤이면 'to + 동사' 사용해서 말 늘리기는 어렵지 않죠?

01	A	I will stay here to study.
02		Will you go to see him?
03		Shall I help you to meet him?
04	B	Really? Can you help me to meet him?
05		I want to meet him to talk more.
06	A	Give me time to think about it.
07		Good, I will help you.
08		Meet him at the cafe to drink the tea.
09		And sit in front of the light of the cafe.
10		The light will make you look pretty more.
11	B	Do you want me to sit in front of the light?
12	A	Yes, I want you to sit there.
13		Tell him to watch a movie with you.
14		He will fall in love with you.

POINT

- 저도 참 쑥스러움이 많지만 영어로 말을 시작하는 제 자신이 신기해서 어지간히도 외국인과 대화할 기회를 찾고 다녔어요. 제가 사실 영어보다 독서로 삶을 다시 시작했고, 세상에도 알려졌는데요. 학습법책도 100여권 읽으면서 배운 내용을 이 책에 자연스레 넣어놨어요. 핵심 중 하나는 어려운 건 일단 넘어가고 이해되는 거부터 보고 '반복'해서 연습, 학습해보는 거예요.

영어를 쓸 수밖에 없는 수진이 만들기

많은 경우에 우리는 목표를 세우고도 하지 않아요. 왜 그럴까 수년간 연구 끝에 찾은 한 가지 답은 '안 해도 아무런 일이 없기 때문' 이었어요. 영어, 다이어트 등의 목표를 세우고도 우리는 안 할 때가 많죠?

중국 고전 중 사기(史記)에 배수진(背水陣)이란 말이 나와요. 한신이 등 뒤에 강을 두고 진을 쳐서, 도망쳐 봤자 물에 빠져 죽으니 무조건 적과 싸우게끔 한 방법을 말해요. 즉, 어떤 목표를 이루기 위해 더 이상 물러설 수 없음을 뜻하죠. 이런 식으로 우리가 이루려는 목표에서 도망가지 못하도록 하자는 말이고 배수진을 재미있게 '수진이'라고 이름 붙인 거예요. 달리 말하면 수진이를 적용하지 않는 시점부터 이미 도망가려는 준비를 한다는 거죠.

영어를 배운다고 해외에 나가는 이유는 영어를 접할 기회를 많이 만들기 위해서잖아요? 간절함이 모자라, 해외 나가서도 한국인들하고만 어울리다 돌아오는 경우도 많아서 문제지만요. 반대로 간절함이 충분하면 한국에서도 영어를 쓸 수밖에 없는 환경을 만들 수 있습니다. 해외에서 원어민들 경험하는 것과는 다르겠지만 외국인 친구가 많아서 계속 영어로 전화가 걸려오고 영어로 말해야 하는 상황, 외국인 수십 명에 나 혼자 한국인인 모임 정도는 충분히 만들 수 있더라고요.

물론 외국인 수십 명에 둘러싸인다고 갑자기 내 입에서 영어가 술술 나오진 않습니다. 그냥 좀 재밌고, 신기하고, 영어 쓸 기회가 많아지는 거죠. 외국인 수십 명에 둘러싸여도, 내가 어떻게 하느냐에 따라 얼마든지 한국어만 쓰면서 버티거나 부끄러워하면서 조용히 있을 수도 있어요. 사실 외국인을 많이 만나기보다, 내 자신이 영어를 자꾸 사용해보려는 의지 자체가 더 중요한 거 같아요. 여러 가지 방법들에 대해 정리해볼게요.

영어 스터디

주로 한국인들과 모여서 영어를 사용하는 모임을 말합니다. 초반에 분위기를 확 잡아서 영어만 사용하게 해야 하고요. 미리 대화 주제도 충분히 준비해 가야 합니다. 그렇지 않으면 맨날 간단한 자기소개만 하거나, 서로 한국어로 잡담하고, 혹은 술, 친목 모임으로 변질되는 걸 많이 봐요. 자신감을 얻고 싶을 땐 자기 실력보다 초보들이 많은 곳에, 동기부여가 필요할 땐 더 고급인 곳에 가는 것도 방법입니다. 저도 수백 번 넘게 여기저기 참여해보고, 주도해보면서 소심함도 많이 고치고, 나에 대해 생각할 기회도 많이 갖고 영어는 물론 우리말 연습도 많이 했습니다.

영어 친구

스터디가 주로 3명 이상 모여 하는 것이라면, 한국인이나 혹은 영어를 배우고 있는 외국인(유럽, 중국 등)과 영어만 사용하기로 약속하고 평소에 계속 영어로 소통하는 친구를 말해요. 친구와 약정을 해도 좋고, 같이 지내는 동물에게 영어 이름표를 붙여주고 영어로 얘기해도 영어 친구죠.

외국인 친구

외국인이라고 다 영어가 모국어는 아닌데, 어쨌거나 한국인과는 다르죠. 뭐 당연히 영미인이면 좋지만 영미인이 아니면 '아, 이 사람도 영어 학습 중이구나' 하는 생각이 들어 부담 없기도 합니다. 너무 영어를 목적으로 다가가지 말고 그 사람에 대한 관심 자체로 다가갔으면 합니다. 한국어 학습만을 목적으로 자꾸 한국어 질문만 해대는 외국인 친구를 생각해보면 이해되지요?

초기엔 건강이 안 좋을 때라 발을 절뚝거리면서도 외국인 만나보겠다고 하루에 영어 예배 세 군데를 다니기도 했고요. 외국인이 운영하는 음식점도 많이 다니고, 언어 교환하는 모임도 참여하고, 외국인과 같이하는 취미 동호회도 가고, 노는(?) 친구들을 만나 같이 클럽에도 가보고, 목사님과 영어 성경공부를 하기도 하고 지하철에서 만난 인도인과 5분도 안 되어 넌 언제 죽을 거냐며 죽음에 대해 대화도 하고, 길에서 흑인 남자가 제 손을 잡고 한참을 걸어가서 이걸 어째야 하나 고민하기도 하는 등 에피소드는 넘쳐나지요.

1. 도움이 필요한 외국인을 돕는 것!
2. 그들이 한국인을 경험할 수 있는 기회를 주는 것!
3. 하던 것만 하면 얻던 것만 얻는다!

실컷 외국인과 대화하고 싶다고 영어를 열심히 해놓고 만나지 않으면 실전 경험이 없으니 자극도 못 받고 영어에 대한 흥미를 잃게 되기 쉬워요.

이런 생각들을 떠올리며 도전해보면 좋겠습니다. 이번 달 외국인 ○○명 만나기 미션을 목표로 수진이 계획법을 적용하는 것도 좋겠네요. 지금 당장 목표를 정해보세요. 처음이면 작게 시작하면 돼요. 정말 작아도 되니 시작하세요. 제가 특강 등에 가면 자주 나누는 노하우인데요. 목표를 '잘 나누는 것'이 큰 도움이 됩니다.

알바

외국인이 운영하거나, 많이 오는 곳에서 알바로 일하는 것. 역시 이것도 하기 나름으로 본인이 노력 안 하면 100% 영어 환경에서 한국어만 사용하거나, 반복적인 쉬운 표현만 사용하는 경우도 있어요. 알바하면서 외국인 손님이 왔을 때 적극적으로 말할 기회를 만드느냐, 그냥 할 일만 하느냐 차이죠.

한영 언어 교환 친구

'랭귀지 익스체인지'라고 하죠. 요즘 한류 때문에 난리죠? 제가 처음 영어 할 때보다 훨씬 환경이 좋아졌습니다. 검색하면 모임도 많이 나오고, 어학당이나 한국어 학원 앞에서 외국인에게 말 걸어서 제안할 수도 있습니다.

집에서

가족에게 양해를 구하고 영어를 많이 쓰기로 분위기를 잡는 것. 가족 중에 영어를 쓸 수 있는 사람이 있으면 좋지만 없다 하더라도, 내가 홈스테이 하는 외국인이라 설정하고 자꾸 영어를 써보면? 저도 해봤는데 집안 분위기 좋아집니다. ☺

문구

'Let's use(speak) English'라고 스마트폰, 모니터, 방, 자주 가는 곳 여기저기 붙입시다.

영어 예배

종교 얘기를 떠나서 영어랑 기독교는 관련도 많고, 문화 경험이라 치고 가봐도 좋죠. 클럽, 술집에서 만나는 거보다 좀 안전하기도 하고요. (물론 사이비 종교 모임은 조심!!)

외국인 동호회

역시 검색해도 많이 나오고, 이태원에 가면 취미, 동호회 등의 정보가 있는 전단지, 잡지가 많이 있어요. 한국에서 생활하는 외국인 모임들이 많이 있습니다. 취미를 매개로 서로 모이는 거죠! 영어 자체가 목적이 아닌 것을 잘 활용하면 좋지요. 많은 모임 등이 생겼다 없어지고 해서 특정 정보를 추천하진 않겠습니다.

다음의 모든 방법들은 영어를 쓰게끔 만드는 기회, 환경입니다. 저런 것 없이도 내 간절함만 충분하면 혼자서 계속 영어 사용하고, 영어로 생각할 수 있어요. 영어를 쓰기로 결심하면 동네 슈퍼에 가서도 교포인 척 영어로 말할 수 있잖아요? 길에서 한국인에게 영어로 길을 물을 수도 있습니다. 저도 외국인인 것처럼 한국인에게 '한국말 못하니 영어로 말해요'라고 해보기도 했어요(완전 재밌었어요.) 중국에 가면 대학생들이 뒷산이나 캠퍼스 여기저기서 영어책을 크게 소리 내어 읽는다고 해요. 우리도 그런 분위기, 문화는 만들어보면 좋지 않을까요? '시간 없네, 영어 쓸 기회가 없네' 이런 소리 말고 본인이 얼마나 미치느냐에 따라 영어 연습량, 영어를 사용할 환경은 충분히 만들 수 있단 얘깁니다.

DAY 10
be동사

STEP 1 누가 우리 선생님이니? Who is our teacher?
STEP 2 걔가 걔야? Is he the man?
필수 꿀팁 꼭! 권하고 싶은 학습법,
자기계발법 '가르쳐보기'!

| 1회차 ⏱ 분 | 2회차 ⏱ 분 | 3회차 ⏱ 분 | 4회차 ⏱ 분 | 5회차 ⏱ 분 |

STEP 1 — 누가 우리 선생님이니?
Who is our teacher?

- be동사
- 현재형 : You are a boy / You are not a boy
  Are you a boy? / Aren't you a boy?

교실에서 학생끼리 대화 중이에요!

01	A	누가 우리 선생님이니?
02	B	그가 우리 선생님이야.
03	A	그는 몇 살이야? (직역 : 얼마나 오래됐지 그는?)
04	B	그는 30살이야.
05	A	그는 착하니?
06	B	응, 그는 착하고 잘 생겼어.
07	A	그의 이름이 뭐지?
08	B	그의 이름은 J야.
09	A	J가 그의 이름이야?
		이것들이 그의 책이야?
10	B	응, 이것들이 그의 책이야.
11	A	그러면 저들은 누구야?
12	B	그들은 그의 학생들이야.
13	A	왜 학생들이 저기 있어?
14	B	그들은 영어를 배우는 중이야.
		그는 동기부여 하고 있어.
		그래서 학생들이 동기부여 되어 있어.

STEP 1   누가 우리 선생님이니?
 Who is our teacher?

- be동사
- 현재형 : You are a boy / You are not a boy
 Are you a boy? / Aren't you a boy?

쉬운 듯 쉽지 않은 듯 애매했던 be동사 이 책으로 확실히!!

01	A	Who is our teacher?
02	B	He is our teacher.
03	A	How old is he?
04	B	He is 30 years old.
05	A	Is he kind?
06	B	Yes, he is kind and handsome.
07	A	What is his name?
08	B	His name is J.
09	A	Is J his name?
		Are these his books?
10	B	Yes, these are his books.
11	A	Then, who are they?
12	B	They are his students.
13	A	Why are the students there?
14	B	They are studying English.
		He is motivating.
		So, the students are motivated.

POINT

- 한국어가 어색한 부분이 있을 거예요. be동사를 '~이다' 이런 식으로 외웠겠지만, 사실 한국어에 없는 부분이라 '딱' 맞는 걸 찾기가 애매합니다. 영어에 익숙해질수록 한국어 없이 영어 자체를 익히면 돼요.

- 앞에서 현재진행 / 과거진행형을 **He was doing** 식으로 연습해본 be동사인데요. 한국어로 '나는 먹고 있었다' '그녀는 가고 있었다' 정도가 되니 **eating, going**을 동사로 착각하는 경우가 많아요. 말문 트기 비법 3-1(주어+동사)에서 말한 것처럼 동사는 크게 →, = 로 나눠집니다.

- **I go** / **I am**, **You like** / **You are**이지요. '→'는 주어가 뭔가 '→ 하는' 느낌이고, '='는 'A=B'인 걸 의미해요. '='는 보통 존재, 상태 이런 식으로 설명해요. **A=eating** / **a boy** / **there** / **tired** 식으로 **A**가 '먹는 상태, 소년, 거기, 피곤해진' 이런 느낌이에요. 이런 식으로 정리하면 =(be동사) 뒤에는 명사나 분사 (동사의 모양이 변한 것), 장소 부사가 오는데 항상 강조하듯 이런 걸 외울 필요는 없어요. 그냥 많이 소리 내어 읽어서 익히면 됩니다.

- 이 모든, 왠지 만만한, 눈으로만 많이 봐온 단어들을 이제는 입으로, 입에 의한!! 연습.

Act, and God will act.

- Jeanne d'Arc

행동하세요. 그럼 신이 도울 겁니다.

- 잔 다르크

| 1회차 ⓘ 분 | 2회차 ⓘ 분 | 3회차 ⓘ 분 | 4회차 ⓘ 분 | 5회차 ⓘ 분 |

STEP 2 걔가 걔야? Is he the man?

- be동사 + 말문 늘리기
- 과거형 : You were a boy / You were not a boy
  Were you a boy? / Weren't you a boy?

몇 예문들은 상황은 없지만, 아무튼 연습이 필요한 문장들을 모아놨습니다.

01	걔가 걔야?
02	오늘 날씨가 어때요?
03	너는 이기적이다.
04	너는 이기적으로 굴고 있다.
05	이기적으로 되지 마! / 이기적으로 돼라!
06	너는 아파? / (너) 아프지 마!
	나 안 아파. 그리고 난 안 아플 거야!
07	너는 삐져 있어? / (너) 삐지지 마.
	그래, 나 삐졌어. 나는 삐질 거야.
	넌 안 삐질 거야?
08	나는 어제 여기에 있었고, 오늘도 여기 있다.
	내일 나는 저기에 있을 거다.
09	그 여우는 아직 내 친구가 아냐.
	내 친구가 되어줘요. 너는 내 친구예요.
10	그들은 내 학생들이다.
	난 말했다. '좋은 학생들이 되어라.'
	그들은 좋은 학생들이 될 것이다.

| 1회차 ⏱ 분 | 2회차 ⏱ 분 | 3회차 ⏱ 분 | 4회차 ⏱ 분 | 5회차 ⏱ 분 |

STEP 2 — 걔가 걔야? Is he the man?

- be동사 + 말문 늘리기
- 과거형 : You were a boy / You were not a boy
  Were you a boy? / Weren't you a boy?

이해 너무 안 되는 게 있으면 일단 넘어가고, 머리에게 시간을 주세요. 휴식을 주세요. 그리고 다음에 빡!!

01	Is he the man?
02	How is the weather today?
03	You are selfish.
04	You are being selfish.
05	Don't be selfish! / Be selfish!
06	Are you sick? / (You) Don't be sick!
	I'm not sick. And I won't be sick!
07	Are you mad? / (You) Don't be mad.
	Yes, I'm mad. / I will be mad.
	Won't you be mad?
08	I was here yesterday, I am here today.
	I will be there tomorrow.
09	The fox is not my friend yet.
	Be my friend. You are my friend.
10	They are my students.
	I said. 'Be good students.'
	They will be good students.

POINT

- 영어를 공부(정확히는 연습)했는데 입과 혀가 움직이고 있지 않으면 잘못하는 거예요.

- 06. 이런 경우 때문에 be동사가 처음에 많이 헷갈려요. **Are you sick?** 했다가 **Don't be sick** 식으로 모양이 확 바뀌잖아요? **I'm not sick and I won't be sick!** 이것도 그렇고요. 간단하게 생긴 **I am here**를 예로 들면 **I**가 =(현재)에 **here** 여기에 있는 상태란 거죠. 이걸 미래로 표현하려면 **will**을 쓰게 되잖아요. 그럼 **I will am here**가 됩니다. 그런데 조동사가 나오면 항상 동사가 원형이 되어야 해요. 그래서 **I will be here**가 돼요. (알아둬야 하는 정말 최소한의 문법입니다. 물론 이마저도 아는 게 중요하기보다 연습해서 입에 붙여야 하고요.)

- 마찬가지로 **You are here**, **You are sick**, **You are a boy** 형태의 문장에 적용돼요. 현재형으로 말할 땐 **You are here**, **You are sick**, **You are a boy**가 되는데, 미래로 말하려면 **will**이 들어가니 전부 **You will be here** (sick / a boy)로 됩니다.

- 또한 **You are here**라는 말은 '너는=here이다'인데, 여기서 그냥 주어를 빼버리면 **are here**가 되죠. 주어가 없으니(생략됐으니) 동사를 원형으로 해서 **be here**가 돼요. 해서 '=(이런 상태가 되어라!!) **here**(이곳에)' → 있어 이곳에! 정도의 말이 됩니다.

꼭! 권하고 싶은 학습법, 자기계발법 '가르쳐보기'!

저도 이 방법 덕분에 많이 성장할 수 있었습니다. 학생들에게 영어를 가르쳐보라고 하면 '제가요? 전 영어를 잘 못하는데요?' 하는 경우가 많지요. 그런데 제가 영어를 잘해서 가르치기 시작했던가요? 아닙니다. '잘하고' 싶어서 시작한 겁니다. 더 정확히는 '잘할 수밖에 없도록 만들기 위해서'지요.

주어진 상황에서 어떤 결정을 하느냐에 따라 다른 결과가 나옵니다.

> 1 영어를 못하는 상태 → 못하니까 가르칠 수 없어!
> 2 영어를 못하는 상태 → 못하니까 가르치자! 그럼 더 열심히 할 수밖에 없을 거야!

'영어를 익힌 지 6개월 만에 가르쳤다'는 말을 접한 많은 분들이 자동적으로 '6개월 만에 영어를 마스터'했다고 받아들입니다. 뭔가 되게 잘해야 남을 가르칠 수 있단 생각이 보편적이니까요. 많이 생각하고 연구하고 경험할수록 남을 제대로 가르칠 수 있는 것은 맞지요. 하지만 본인의 지식량이 많다고 잘 가르치는 것은 아니죠. 그런데 본인의 아는 양이 적다고 가르칠 수 없는 것도 아닙니다. 100중에 10을 알

이런 식으로 연예인, 좋아하는 사람의 사진을 앞에 두고 진짜 그 사람이 내 앞에 있다 생각하고 설명하며 학습하는 거예요. 누군가에게 아는 내용을 확실히 설명할 수 없다면 제대로 이해하지 못하고 있는 거예요!

고 있으면 그 10을 알려주면 됩니다. 그 과정을 통해 크게 3가지 장점을 경험합니다.

어쩔 수 없이 '가르친다'라는 단어를 쓰긴 했는데 여기까지 책을 제대로 읽으신 분이라면 여기서의 '가르친다'는 '내가 잘나서 남을 어찌한다'는 뜻이 아닌 거 알죠? 제일 염려스런 부분이기도 하지만요. 실제로 많이 봐오기도 했습니다. 누군가를 가르친다고 남보다 뭔가 대단한 자리에 올라서는 것으로 착각하는 경우가 있어요. 또한 잘 알지 못하면서 아는 척하느라 잘못 알려주는 경우도 있고요. '가르치는 행위'

가르쳐보기 장점

- **가르치기 위해서 더 적극적으로 열심히 공부하게 됩니다.**
  ▶ 그냥 수동적으로 접하는 자세와는 차원이 다르죠.

- **학생과의 약속이 있으니 반드시 연습을 하게 됩니다.**
  ▶ 역시 수진이 시스템이죠.

- **가르쳐보면 안다고 생각했던 부족한 부분을 찾을 수 있습니다.**
  ▶ 아주 중요한 점인 듯! 설명을 하다 막히는 부분이 아직 덜 이해된 부분입니다. 그리고 학생의 질문이 어떤 게 나올지 모르죠. 질문에 답을 못한다면? 아직 부족한 것!

의 단점, 위험한 면이죠. 저는 수년간의 인생 고통을 겪으면서 저를 많이 내려놓은 상태에서 시작한 거라 '아는 척'을 상당히 경계하면서 해왔다 생각합니다만 여전히 조심스러운 부분입니다. '아는 척'의 자세가 아닌 다음과 같은 마음가짐이 필요합니다.

주의할 점에 신경 쓰면서 이 '가르치기' 방식을 이용하면 효과적으로 익혀 나갈 수 있을 거예요. 부담 없는 학생으로 가족, 친구 정도가 좋고, 없으면 인형 등을 놓고 혼자 연습해보세요. 처음엔 학생이 되어주는 게 감사하니 감사를 표해도 좋겠죠. 저도 처음엔 무료로 영어를 알려준다고 인터넷에 홍보를 해서 학생을 구했습니다. 하면서 자신감, 경험, 책임감 등이 늘면서 유료로 하게 되고, 그러다 학원까지 차리게

꼭 필요한 마음가짐

- 배울 수밖에 없는 시스템을 이용하는 감사함
- 나 역시 초보이니 눈높이를 맞춰줄 수 있는 장점
- 다른 학습자의 실력이 늘었으면 하는, 시행착오를 덜 겪게 해주려는 사랑의 마음

> **'열심히 준비하기'는 기본!**
>
> - 알려주다 모르는 것이 있으면 인정하기
> - 모르는 부분, 못 알려준 부분은 꼭 다시 확인하고 알려주기
> - 잘 모르는 것을 아는 척하지 않기

된 거죠. 자꾸 열심히 하려는 사람들이 몰리게 되니 계속 더 열심히 '할 수밖에' 없게 됩니다.

사실 '못하는 상태에서 가르치기'라기보단 '하나라도 배우면서 동시에 그 배운 것을 누군가를 가르치기로 약속함으로 확실히 학습하게 하는 시스템'이 맞지요. 100중에 10을 배웠으면 그 10을 가지고 활용하자는 태도가 중요해요. 모르는 90에 대해 아는 척을 하자는 게 아니에요. 모르는 걸 가르치거나 아는 척하면 사기꾼이죠.

주의해야 할 점도 정리해보면,

공자님이 말씀하시길 '아는 것을 안다고 하고 모르는 것을 모른다고 하는 것, 그것이 아는 것이다'라고 하셨습니다. 또한 '모르는 것을 부끄러워 말고, 모르면서도 묻지 않는 것을 부끄러워 하라'고 하셨죠.

DAY 11
과거시제

STEP 1 어제 너 갔니? Did you go yesterday?
STEP 2 너 언제 왔어? When did you come?
필수 꿀팁 어떡해 어떡해 슬럼프가 왔어요!

| 1회차 분 | 2회차 분 | 3회차 분 | 4회차 분 | 5회차 분 |

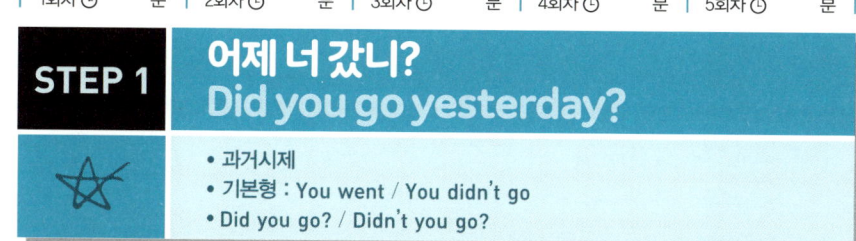

STEP 1 어제 너 갔니? / Did you go yesterday?

- 과거시제
- 기본형 : You went / You didn't go
- Did you go? / Didn't you go?

결석한 친구와 어제 수업에 대해서 이야기 중인 상황이에요!

01	A	어제 너 갔니?
02	B	응, 나는 어제 갔어.
03	A	너 뭐 읽었어?
04	B	나는 내 책 읽었어.
05	A	그녀는 집중했어?
06	B	응, 그녀는 집중했어.
07	A	그들은 어제 춤 안 췄어?
08	B	아니, 그들은 춤 안 췄어.
09	A	그는 어제 안 떠들었어?
10	B	아니, 그는 안 떠들었어.
11	A	선생님은 뭐 했어?
12	B	선생님은 가르치고 웃었어.
13	A	걔들은 노래했어?
14	B	응, 걔들은 노래하고 나갔어.

| 1회차 ⏱ 분 | 2회차 ⏱ 분 | 3회차 ⏱ 분 | 4회차 ⏱ 분 | 5회차 ⏱ 분 |

STEP 1 어제 너 갔니?
Did you go yesterday?

- 과거시제
- 기본형 : You went / You didn't go
- Did you go? / Didn't you go?

과거형도 사실 엄청 어려운 건 아닌데 동사 시제도 바뀌고, 불규칙합니다. 그래서 연습을 많이 해야 돼요. 계속 강조하지만 어렵다기보다 입에 익숙지 않은 것!

01	A	Did you go yesterday?
02	B	Yes, I went yesterday.
03	A	What did you read?
04	B	I read my book.
05	A	Did she concentrate?
06	B	Yes, she concentrated.
07	A	Didn't they dance yesterday?
08	B	No, they did not dance.
09	A	Didn't he chat yesterday?
10	B	No, he did not chat.
11	A	What did the teacher do?
12	B	The teacher taught and laughed.
13	A	Did they sing?
14	B	Yes, they sang and went out.

POINT

- 동사의 과거형이 모양이 불규칙적인 게 있어 당황할 때가 있을 거예요. 보통은 **-ed**를 붙이지만 **eat → ate, go → went** 식으로 전혀 다른 모습을 갖기도 하거든요. 스트레스 받지 말고 혹 모르면 그냥 **-ed**를 붙여서 사용하는 것도 방법입니다. 그렇게 해도 되냐고요? 한국말 어설프게 하는 외국인들을 생각해보세요. 그들이 한국말 좀 틀린다고 우리가 막 화내거나 무시하진 않죠? 편하게 하세요. 일단 많이 말해보고 궁금증이 생기는 바로 그때 문법책을 '참고'해서 고치면 됩니다.

- 과거형도 배웠으니 꼭 영어 일기 습관을 만들어보세요. 지금까지 연습 잘 해왔다면 일기도 잘 쓸 수 있을 거예요. 영어를 '도구'로 사용할 때 더 재미나게 익힐 수 있습니다. 영어 일기 처음 쓰는 분들이 '쓸 것이 없어요' '맨날 똑같아요' 하는 경우가 있지요. 사실 이건 영어 문제가 아닐 수 있거든요. '쓸 것이 없다=별로 한 것이 없다, 맨날 똑같다=하던 일만 했다'란 얘기니까요. 그래서 감사 일기, 성공 일기, 도전 일기 같은 걸 영어로 적어보면 좋습니다. 작은 일이라도 감사한 것, 뭔가 해낸 것, 뭔가 도전한 것을 적어보는 거예요. 영어로!

Ask yourself.
'What winds your clock.'

스스로에게 물으세요. 무엇이 당신을 동기부여 시키는지.

STEP 2

너 언제 왔어?
When did you come?

- 과거시제 + 말문 늘리기
- 기본형 : She did / She didn't do
- Did she do? / Didn't she do?

친구와 '어제 뭐 했나'에 대해 얘기 중인 상황입니다.

01	A	너 언제 왔어?
02	B	나 오전 9시에 왔어.
03	A	아침 먹었어?
04	B	응, 8시에 아침밥을 먹었어.
05	A	너 어제 늦게 잤어?
06	B	응, 나 어제 늦게 잤어. 새벽 2시에.
07	A	왜 어제 늦게 잔거야?
08	B	어제 내 친구를 만났어.
		그래서 집에 늦게 왔어.
		난 영어 연습을 안 하고 잘 수 없었어.
		그래서 말하기 연습을 1시간 했어.
09	A	그럼 넌 몇 시간 잔 거야?
10	B	나는 6시간 잤어.
		사실 아침 7시에 일어났어.
		하지만 도로 한 시간 더 잤어.
		그래서 아침 8시에 일어났어.
		그리고 아침밥을 많이 먹었지.

| 1회차 ⏱ 분 | 2회차 ⏱ 분 | 3회차 ⏱ 분 | 4회차 ⏱ 분 | 5회차 ⏱ 분 |

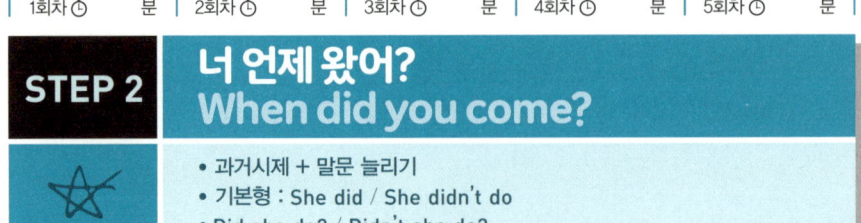

STEP 2 — 너 언제 왔어? When did you come?

- 과거시제 + 말문 늘리기
- 기본형 : She did / She didn't do
- Did she do? / Didn't she do?

오랜만에 하는 말이지만, 스스로 말 안 해보고 답만 보는 거 아니죠?

01	A	When did you come?
02	B	I came here at 9 a.m.
03	A	Did you eat breakfast?
04	B	Yes, I ate breakfast at 8.
05	A	Did you go to bed late yesterday?
06	B	Yes, I went to bed late. At 2 a.m.
07	A	Why did you sleep late yesterday?
08	B	I met my friend yesterday.
		So I came home late.
		I couldn't sleep without practicing English.
		So I practiced speaking English for 1 hour.
09	A	Then how many hours did you sleep?
10	B	I slept for 6 hours.
		Actually I woke up at 7 a.m.
		But I slept for 1 hour more.
		So I woke up at 8 a.m.
		And I ate breakfast a lot.

POINT

- 세는 명사, 못 세는 명사 구분하기에 좋은 설명을 할게요. (우리가 가산명사, 불가산명사라는 어려운 단어로 배워온 것) 쪼갰을 때 못 쓰게 되는 것들은 셀 수 있고, 쪼개지지 않는 것은 못 세요. 예를 들어 물, 바람, 공기, 모래 이런 건 못 쪼개잖아요. (모래알 하나를 쪼개겠다든지, 물 분자를 나누겠다, 이런 개념은 여기서 다루지 않습니다.) 그럼 못 세는 명사예요. 그에 비해 안경, 자동차, 모니터 이런 것들은 쪼개면 못 쓰죠? 이런 것들은 세는 명사로 칩니다. 같은 명사라도 상황에 따라 달라지는 경우도 있습니다.

- 나는 너의 머리카락이 마음에 들어. (좋아)
  – I like your hair.

- 책상 위에 머리카락 하나가 있어요.
  – There is a hair on the desk.

어떡해 어떡해
슬럼프가 왔어요!

열심히 한다고 했는데 빨리 실력이 늘지 않아 속상할 때 많으시죠? 다양한 상황별로 슬럼프를 현명하게 극복하는 방법을 알아볼게요.

1. 원한다고 해놓고 열심히 안 해서 슬럼프가 오는 경우

'할줄 몰라서 못했다'는 자신에게 할 수 있는 최악의 거짓말입니다. 어설픈 답이라도 검색하면 다 나옵니다. 일단 뭐라도, 작은 거라도 해보면 '할줄 몰라서 못했다'보다는 다른 질문과 답을 얻을 수 있어요. '생각과 행동과의 간격이 성장 속도를 결정한다'는 말을 꼭 잘 보이는 곳에 메모해두세요. (수진이!) 이 경우에 해당한다고 생각되는 분들은 바로 실천하세요. 문구를 꼭 메모해두기 바랍니다. 안 하고 그냥 넘어가면 또 한 번 생각만 하고 행동은 안 하는 거예요. 잠깐 책 읽기를 멈추고 문구를 여기저기 잘 보이는 데다 적어서 붙여두고 나머지를 읽으세요.

2. 열심히 하고 있다고 착각하는 경우

이런 경우도 많아요. '나름' 열심히 하는 경우죠. 나름이란 게 상당히 위험한 것이 '자기만의 기준'이거든요. 주위에 열심히 하는 이들이 없을 경우, 그들과 비교해 '이쯤이면 되겠지' 생각하는 경우에 해당됩니다. 우물 안 노력인 거죠. 또한 총 목표 시간을 정하지 않고 그냥 '몇 달간 열심히' 식으로 측정 불가능한 계획을 세우는 경우도 해당합니다. 하루에 10분씩 꾸준히 해도 일주일 168시간 동안에 겨우 1시간 연습하거든요. '반 년간 열심히 했는데 왜 안 늘지?' 한다면 시간을 얼마나 투자했는지 확인해보세요. 하나 더, 연습할 때 집중 안 하는 것도 큰 요소가 됩니다. 이런 경우에는 다음과 같이 한번 해보세요.

- **새로운 사람들을 만날 계획을 지금 짜세요.**
  ▶ 초보의 경우엔 일단 누구든 새로운 사람을 만나는 것이 도움이 될 거고요. 어느 정도 경험이 쌓이면 고만고만한, 자기랑 비슷한 레벨의 사람들 말고 뭔가 훨씬 더 잘나고 배울 점이 많은 사람들을 만나야 합니다. 그래야 팍!!! 머리에 충격을 받으면서 '아!! 내가 우물 안에 있었구나' 하는 사실을 깨닫게 됩니다.
  인터넷 커뮤니티 등을 활용하면 돼요!! 영어 모임이면 고수들 모임에 가보고, 재테크 부자, 수입차, 와인, 독서, 해당 분야 전문가 모임 등을 나가면 돼요.

- **구체적 계획을 짜세요.**
  ▶ 계획 짜는 법은 이 책에서 계속 설명하고 있죠? 제가 운영하는 다음카페 '꿈행부기'에서도 계획 짜고 실천하는 다른 많은 분들을 만날 수 있어요.

3. 분명 열심히 하고 있는데 늘지 않아 슬럼프에 빠진 경우

잘못된 방법으로 열심히 하는 경우가 있어요. 대부분의 한국인들 영어가 여기에 해당하지요. 방법이 맞는지 생각해보고, 먼저 잘 해낸 사람들의 의견을 참고하는 등의 확인이 필요합니다. 이런 말이 있어요. '사다리에 오르기 전에, 원하는 건물에 사다리가 놓여 있는지 확인하라.' 먼저 잘 해낸 사람들을 찾아서 같은 방법으로 하면 돼요. 잘하는 사람처럼 철저히 모방하세요. 다만! 영어의 경우 약간 난감한 게 기존에 영어를 잘하게 된 분들 중 '옛날 방식'으로 좀 무식하게 외워서 잘하는 분들이 있어요. 문법책이나 회화책을 달달 암기했다는 분들, 외국인과 일대일 수업을 엄청나게 많이 했다, 뭐 이런 방식이 주로 그런 겁니다. 되긴 되는데 효율이 많이 떨어져요

4. 맞는 방법으로 충분히 열심히 하는데 슬럼프인 경우

이게 아름다운 케이스지요. 응원할만 하고요. 실력은 계단식으로 오른다는 것 명심! 임계치라고 하지요. 처음엔 노력한 만큼 바로바로 좋아지지만 향상될수록 에너지가 축적돼야 하는 시간이 있습니다. 버티고 있으면 어느 순간 확! 좋아지는데 그 전에 멈추면 아쉽잖아요. 목표를 다시 생각해보고, '왜' 그걸 원하는지 생각함으로써 버텨낼 수 있게 됩니다. 물론 그 연습량, 노력이 축적되는 과정에서 심신이 지치는 때가 있어요. 간절함이나 정신력을 몸이 못따라가거나, 몸은 괜찮

은데 정신력이 고갈되거나 할 때가 있죠. 그럴 땐 저도 '마음이 작으면 만사가 다 병이 되고, 마음이 크면 만사가 다 통한다' 같은 명언을 접하며 버텨냈습니다. 또한 2년쯤 슬럼프에 있으면서도 예전의 제 모습에서 벗어나 얼른 성장하고 싶어서 계속 노력하며 어떻게 극복해야 할까 고민했는데요. 김연아 선수의 '슬럼프요? 그런 거 생각할 시간 없어요. 그냥 연습하는 거죠.' 같은 말을 접하곤 '아이고, 난 아무 소리 못하겠구나.' 하는 생각이 들어 부족함을 깨닫고 더 노력하게 되기도 했지요. 내가 보고 들은 것이 나를 만듭니다. 많이 보고 들어야 스스로 성장합니다.

DAY 12

복습

STEP 1 먹어 / 먹지마 Eat / Don't eat
STEP 2 너 왜 이거 못 먹어? Why can't you eat this?
필수 꿀팁 관사 a/an, the

| 1회차 ⏱ 분 | 2회차 ⏱ 분 | 3회차 ⏱ 분 | 4회차 ⏱ 분 | 5회차 ⏱ 분 |

STEP 1 먹어 / 먹지마 Eat / Don't eat

- Review (시제)
- 간단한 조동사를 포함한 과거, 현재, 미래 시제

지금까지 배웠던 시제를 총정리해볼게요.

01	먹어. / 먹지 마.
02	우리 먹자. / 먹지 말자.
03	우리 먹을까? / 우리 먹지 말까?
04	너 먹어도 돼. / 너 먹으면 안 돼.
	너 먹어도 돼? / 너 먹으면 안 돼?
05	난 먹을 거야. / 난 안 먹을 거야.
	너 먹을 거야? / 너 안 먹을 거야?
06	그는 먹는다. / 그는 안 먹는다.
	그는 먹어요? / 그는 안 먹어요?
07	그는 먹고 있어. / 그는 먹고 있지 않아.
	그는 먹고 있어? / 그는 안 먹고 있어?
08	그는 먹고 있었어. / 그는 먹고 있지 않았어.
	그가 먹고 있었어? / 그가 먹고 있지 않았어?
09	그는 먹었다. / 그는 안 먹었다.
	그가 먹었어? / 그는 안 먹었어?

| 1회차 ⏱ 분 | 2회차 ⏱ 분 | 3회차 ⏱ 분 | 4회차 ⏱ 분 | 5회차 ⏱ 분 |

STEP 1 먹어 / 먹지마 Eat / Don't eat

- Review (시제)
- 간단한 조동사를 포함한 과거, 현재, 미래 시제

말한 내용을 확인해보세요.

01	Eat. / Don't eat.
02	Let's eat. / Let's not eat.
03	Shall we eat? / Shall not we eat?
04	You can eat. / You can't eat.
	Can you eat? / Can't you eat?
05	I will eat. / I won't eat.
	Will you eat? / Won't you eat?
06	He eats. / He doesn't eat.
	Does he eat? / Doesn't he eat?
07	He is eating. / He isn't eating.
	Is he eating? / Isn't he eating?
08	He was eating. / He wasn't eating.
	Was he eating? / Wasn't he eating?
09	He ate. / He didn't eat.
	Did he eat? / Didn't he eat?

POINT

- 한국말 자체만 보면 다 쉬운 말인데, 정작 영어로 말하려고 하면 바로 입이 떨어지지 않던 문장들입니다. 이 책을 믿고 열심히 연습해왔다면 이제는 잘할 수 있으리라 믿어요! 항상 기본기가 제일 중요합니다. 꼭 입으로 소리 내어 입과 혀가 충분히 훈련되도록 해야 돼요. 주어와 동사만으로도 일단 문장이 되니 일상 묘사를 영어로 해보세요. 많은 연습이 됩니다. 말문 트기 비법 1(4변형)을 사용해서 기본문 4가지로 잘 말할 수 있게 하는 것에, 말문 트기 비법 2(영어 어순)와 말문 트기 비법 3(5구조)을 사용해서 말을 늘려나가면 됩니다.

**Here is a test to find whether your mission on earth is finished :
If you are alive. it isn't.**

여기 시험이 있어요.
이 삶에서의 당신의 미션이 끝났는지 아닌지를 알기 위한.
당신이 살아 있다면, 아직 할 일이 있는 겁니다.

＊추천도서 : 스펜서 존슨의 「선물」

| 1회차 ⏱ 분 | 2회차 ⏱ 분 | 3회차 ⏱ 분 | 4회차 ⏱ 분 | 5회차 ⏱ 분 |

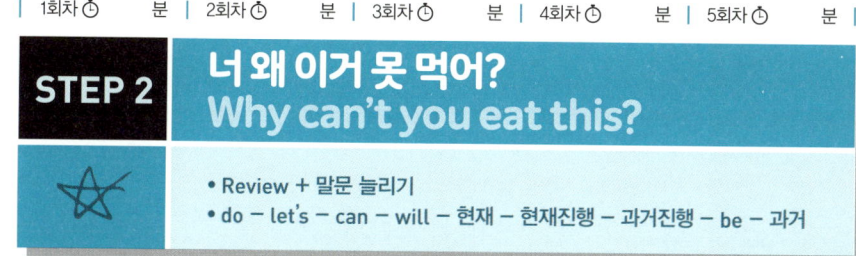

친구와 뭐 먹을까 얘기 중인 상황을 생각하며 재미나게 영어로 연기 연습해보세요.

01	A	너 왜 이거 못 먹어?
02	B	나 그거 안 좋아해. 그래서 나 그거 안 먹어.
		우리 햄버거 먹을래?
		나 이번 주에 햄버거 안 먹었어.
03	A	너 어제 햄버거 먹고 있었잖아?
		그거 햄버거 아니었어?
		너 뭐 먹고 있었어?
04	B	어제 난 햄이랑 빵 먹고 있었어.
		그건 햄버거가 아니었어. 네 강아지 어디 있어?
05	A	내 강아지는 내 집에 있어. 너 왜 그걸 물어? (묻고 있어?)
06	B	네 강아지는 예뻐. 그 강아지랑 우리 햄버거 먹을까?
07	A	내 강아지는 어제 햄버거 먹었어.
		걔는 오늘 햄버거 안 먹을 거야.
		넌 오늘 나랑 햄버거 먹으면 돼.
08	B	그래. 그럼 버스를 타자.
		오늘은 콜라는 마시지 말자.
09	A	좋아. 난 사과주스 마실 거야.

233

| 1회차 ⏲ 분 | 2회차 ⏲ 분 | 3회차 ⏲ 분 | 4회차 ⏲ 분 | 5회차 ⏲ 분 |

STEP 2   너 왜 이거 못 먹어?
Why can't you eat this?

- Review + 말문 늘리기
- do – let's – can – will – 현재 – 현재진행 – 과거진행 – be – 과거

계획대로 잘되고 있나요? 수진이! 알려드렸어요. 안 되면 '되게' 계획을 짜면 돼요.

01	A	Why can't you eat this?
02	B	I don't like it. So I don't eat it.
		Shall we eat a hamburger?
		I didn't eat a hamburger this week.
03	A	You were eating a hamburger yesterday.
		Wasn't it a hamburger?
		What were you eating?
04	B	I was eating ham and bread yesterday.
		It wasn't a hamburger.
		Where is your puppy?
05	A	My puppy is in my house.
		Why are you asking me?
06	B	Your puppy is pretty.
		Shall we eat a hamburger with your puppy?
07	A	My puppy ate a hamburger yesterday.
		My puppy won't eat a hamburger today.
		You can eat a hamburger with me.
08	B	Okay. Then let's take a bus.
		And let's not drink Coke today.
09	A	Okay. I'll drink an apple juice.

POINT

- 작은 인형 두 개를 두고 **A**, **B** 롤플레이를 해도 좋아요. 그걸 동영상 촬영한 뒤 봐도 재밌고 도움되죠.

- 햄버거 얘기가 나온 김에 말인데요. 이번 주말엔 이태원에 가서, 외국인에게 맛있는 햄버거 가게를 추천해달라고 물어보면 어떨까요? 부드럽게 말할 때 가세요.

관사
a/an, the

관사는 한국어에는 없는 부분입니다. 절대로 한국어로 외우려고 하지 마세요. 예문으로 접하는 게 가장 좋아요. 예문 몇 개 본다고 금방 이해되는 건 아닙니다. 영어를 계속 접하면서, 어떤 식으로 쓰이는지 꾸준히 경험해봐야 합니다. 일단 셀 수 있는 명사에는 이 관사가 대개 붙는다는 점을 알아두세요.

1. 먼저 a/an과 the를 어떻게 구분해서 써야 하는지 설명할게요.

단순히 우리말과 비교해서 '한=a/an' '그=the'로 대체하면 안 됩니다

1 나는 오늘 한 남자를 봤어요.
I saw a man today.

2 그 남자는 한 여자를 만났어요.
The man met a woman.

3 그 남자가 그 여자에게 한 사탕을 줬어요.
The man gave the woman a candy.

4 그 사탕은 매우 컸어요.
The candy was very big.

다. 어떤 상황에서 쓰인 건지를 이해해야 합니다. 제가 여러분에게 실제로 말을 하고 있다고 생각해보세요.

예 1
'제가 오늘 한 남자를 봤는데요~'

여러분은 제가 본 남자가 어떤 남자인지 모릅니다. 세상의 여러 남자들 중에 단지 '한 남자=a man'이 되는 것이죠.

예 2
'근데 그 남자가 한 여자를 만났어요'

아무 남자가 아니라 제가 방금 언급한 '그 남자'입니다. 그래서 바로 그!!!의 느낌을 주기위해 'the man'이 됩니다. 그에 비해 새로 등장한 여자는, 제가 처음 언급하고 있습니다. 그래서 역시 여러분은 어떤 여자인지 알 수 없습니다. 그래서 'a woman'을 씁니다.

예 3
'근데 그 남자가 그 여자에게 사탕을 주더라고요'

이번에는 남자와 여자 모두, 제가 이미 한 번 이상 말했기 때문에 어떤 남자, 여자인지 여러분들이 인식하고 있습니다. 그래서 'the man, the woman'을 쓰게 됩니다. 그리고 새로 등장한 '사탕'이 있습니다. 우리말에선 특별히 필요하지 않으면 숫자를 일일이 세지 않습니다. 그런데 영어에서는 숫자를 일일이 셉니다. 셀 수 있는 것은 꼭 세죠. 그리고 어떤 사탕인지를 나타내지 않으면 듣기에 불편합니다. 여기에선 특정한 사탕이 아니라 그냥 '어떤 사탕' 정도를 나타내기 위해서 'a candy'라고 표현합니다.

> **예 4**
> **'그 사탕은 정말 컸어요!'**
>
> 제가 한 번 언급한 사탕입니다. 어떤 남자가 어떤 여자에게 준 바로 '그!!!' 사탕이기에, 여러분이 어떤 사탕인지 인식하고 있습니다. 그래서 'the candy'를 씁니다.

이 외에도 최상급이니, 유일한 것에는 the를 쓴다고 들어왔을 거예요. 계속 강조하지만 이런 설명을 참고한 뒤에 직접 영어를 많이 접하면서 경험하는 게 가장 좋아요. 한국어에는 없는 것들이라 영어가 모국어가 아닌 이상 까다롭게 생각되는 게 당연한 부분입니다. 그러니 너무 부담 갖지 말고 천천히 배워나가면 됩니다.

Tip | 내 영어 발음 이거 어떡하지

a(an), the의 발음에 대해서도 그래요. 한국인은 그냥 외워왔어요. '자음 앞에는 a, 모음 앞에는 an을 쓴다, the는 자음 앞에서는 '더' 모음 앞에서는 '디'라고 발음한다고요. 그런데 그냥 외울게 아니라 발음해보면, a apple보다 an apple이 편합니다. the의 경우에도 마찬가지고요. 일부러 강조하거나, 재미로(?), 취향으로 바꿔 쓰는 경우도 있어요. the boy를 '디 보이' 식으로 발음하는 거죠. 강조하고픈 건, 조금 틀려도 되니 일단 소리 내어 자꾸 말해보고 왜 그런지 생각해보라는 거예요.

이 책에선 영어 발음에 대해선 거의 다루지 않고 있어요. 이 책의 목표는 '한국인이, 이미 알고 있는 단어를 이용해, 영어로 말을 시작하게 하는 거에요. 물론, 발음은 중요합니다. 저도 발음부터 연습했고, 영어를 '소리'로 접근하니 공부가 아닌 음악이 되어 좋았어요. 외국어를 배울 때 소리로 접근하면 재미있고 자신감에도 도움이 되는데도 이 책에서 발음을 다루지 않은 건, 발음에 있어서도 한국인은 너무나도 잘못 배워왔기 때문입니다. 그것을 고치기 쉽지 않고, 그래서 아예 소리 부분은 마음을 비우고(?) 있는 분들도 많기에 일단 우리가 가지고 있는 부분부터 활용하려고 '말문 트기'를 우선으로 했습니다.

일단 발음은 크게 신경 쓰지 말고 크게 소리 내는 정도에만 집중하세요. 녹음해서 자기 발음을 들어보는 연습도 좋고요. 소리를 자꾸 크게 내는 훈련을 하면 자기 소리를 분명히 인식해 발음이 개선될 수 있습니다.

발음이 나쁘다고 자신감을 잃지 않으면 좋겠습니다. 한국인들은 영어 발음이 나쁜 게 아니라 단지 '한국어'로 발음하고 있을 뿐입니다. 영어 'boy'를 읽거나 한국어 '보이'를 읽거나 똑같은 소리를 내잖아요? 괜히 혀를 이상하게 말거나, 입을 이상하게 긴장시켜 소리 내는 것이 나쁜 발음이죠. 우리가 한국어를 익히는 외국인과 대화할 때, 그들에게서 완벽한 한국어 발음을 기대하진 않습니다. 우리가 알아들을 수 있으면 그만인 거죠. 일단 이 책을 통해 여러분은 '한국스런 영어 발음 이더라도 일단 영어로 말하는 것'에만 집중하세요. 영어 말문이 트여서 자신 있게 외국인과 대화를 시도했는데 소리 차이 때문에 잘 대화가 되지 않을 때, '발음 연습을 해야겠구나!' 하고 깨닫게 되고 동기부여가 될 테니까요.

DAY 13
분사

STEP 1 분사
STEP 2 나 잤어, 피곤한 상태로 I slept tired
필수 꿀팁 영단어 학습에 대해

| 1회차 ⏱ 분 | 2회차 ⏱ 분 | 3회차 ⏱ 분 | 4회차 ⏱ 분 | 5회차 ⏱ 분 |

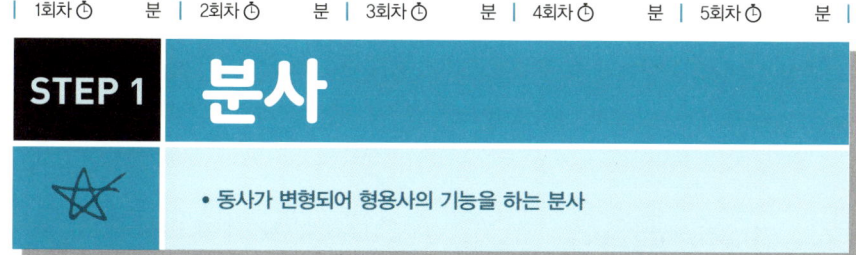

STEP 1 분사

• 동사가 변형되어 형용사의 기능을 하는 분사

대개 학교에서 '동사의 3단 변화'라고 해서 다음처럼 외워왔을 텐데요.

```
give-gave-given
know-knew-known
make-made-made
meet-met-met
break-broke-broken
```

사실 3번째 형태들은 동사가 아니라 '분사'로 쓰인 거예요. (잘못 배워서 더 헷갈릴 거예요.)

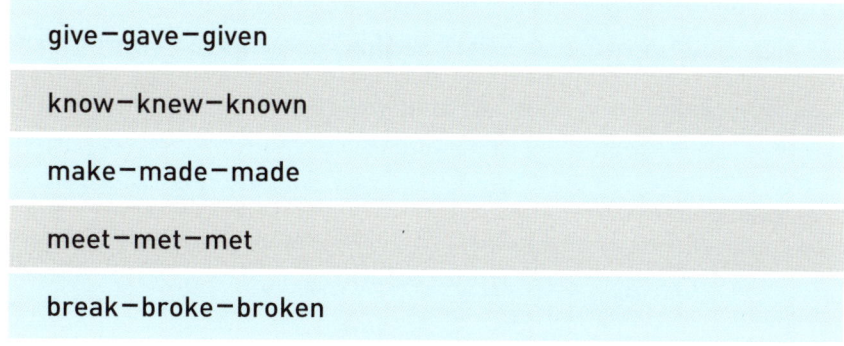

- I know 나는 안다 – I knew 나는 알았다, 이거까진 OK!

- I was known, 자 이 문장에서 동사는? known!!이 아니라 was입니다.

- 'I=known' 상태를 말해요. 동사인 'know=안다'가 'know~되어진' 상태(known)로 바뀌었죠?

- '나=알려진' 이런 뜻이 됩니다. '나는 알려진 사람이야' 정도의 뜻이 돼요.

한국인에게 익숙한 문장 **'I am tired'**가 있습니다. '나 피곤해' 정도로 일대일 대응해서 암기했을 텐데요. 사실 **tired**는 분사예요. **tire**(피곤하게 하다)라는 동사가 과거분사 모양으로 된 거예요.

She tires you.	그녀는 피곤하게 해 너를.
This job will tire you.	이 작업은 피곤하게 할 거예요 당신을.

처음 접한다면 어색할 수 있는데 위 **tire** 동사를 **like**나 **hate**로 바꿔봐도 돼요. 암튼 아주 기본적 형태입니다. 그런데 과거형으로 바꾸면 다음과 같겠죠.

She tired you.
그녀는 피곤하게 했다 너를.

그녀가 너를 피곤하게 했으면 '너'가 어떻게 될까요? 피곤해지겠죠. 그럼 '너'의 상태가 어떻게 될까요? 그게 **'You are(=)tired'**예요.

- 영어 : She tired **1** you.   You are tired **2**.
- 구조 : A→B   A=C
- 한국어 : A가→ 한다 B를   A가 = 상태다 C

같은 **tired** 모양이지만, **tired 1**은 동사고 **tired 2**는 동사가 아니에요.

242

또 많이 접한 단어로 **surprise**가 있죠. '놀라게 하다' 정도의 뜻을 가지고 있어요. 예문을 들면,

| Surprise me. | 놀라게 해라 나를. |
| Don't surprise me. | 놀라게 하지마 나를. |

이렇게 되는데요. 그럼 다음과 같이 하면 어떤 뜻이 될까요?

1 You are surprising! 2 Are you surprising?
3 You surprised me! 4 I am surprised.

생각해봤나요? 계속 강조하지만 원래 어려운 게 아니에요. 잘못 배워서 헷갈리는 거예요. (누구 탓을 하려는 게 아닙니다.) 꼭!!! 직접 무슨 뜻일까 생각해보고 다음으로 넘어가야 돼요?!!

1 **You are surprising!**
너 = 놀라게 하는 상태
직역 : 너는 놀라게 하고 있어
의역 : 너는 놀라워!!

2 **Are you surprising?**
너 놀라게 하는 상태야?
너 놀라게 하고 있어?
너는 (다른 이를) 놀라게 할 만해?

3 **You surprised me!**
너 → 나
직역 : 너는 놀라게 했어 날

4 **I am surprised.**
나 = 놀라진 상태
나는 상태야 놀라진

예를 들어 공부를 못하던 상대가 100점을 받았다 쳐요. 그럼 1 3 4를 말할 수 있는 거예요. **see**, **teach**, **make** 등 많은 동사들이 이런 식으로 쓰입니다.

POINT

- 동사의 3단 변화에서 마지막 형태는 동사가 아니라 분사다.

- 일대일 대응 식으로 뜻을 외우면 헷갈린다. 영어 뜻 자체로 받아들이자! 일대일로 외우게 되면 "tire라는 동사는 '지치다, 피곤해지다'는 뜻이 있는데 도대체 왜 I tire라고 안 하고 I'm tired라고 할까요?" 이런 질문을 하게 됩니다. 다시 말하지만 tire는 '피곤하다'도 아니고, '피곤해지다'도 아닙니다. (제 설명이 여러분을 피곤하게 하고 있는 거 아니죠? 😊) 그냥 그 동사가 어떤 의미인지 파악하고 '동사ing' 형태면 '~'형태로, '동사ed' 형태면 '되어진' 형태로 쓰면 됩니다. (저도 용어 사용 안 하고 설명 쉽게 하려니 어렵네요.)

이 분사 부분은 꼭 3번 이상 천천히 읽어보고, 설명을 직접 해 보면서 완전히 익혀주세요. 정말 중요한 부분이고 절대 엄청나게 어려운 게 아니에요. 이 개념만 잡혀도 영어가 훨씬 쉬워질 거예요!

God doesn't require us to succeed.
God only requires that you try.
- Mother Teresa

신은 우리에게 성공할 것을 요구하지 않아요.
신은 단지 우리보고 시도해보라 말합니다.
- 마더 테레사

✱추천도서 : 『CEO의 다이어리엔 뭔가 비밀이 있다』 (시간 관리 노하우)

| 1회차 🕐   분 | 2회차 🕐   분 | 3회차 🕐   분 | 4회차 🕐   분 | 5회차 🕐   분 |

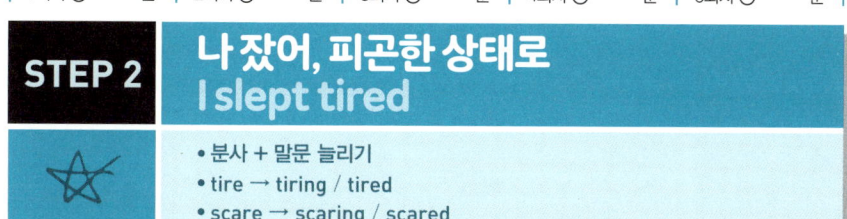

STEP 2
나 잤어, 피곤한 상태로
I slept tired

- 분사 + 말문 늘리기
- tire → tiring / tired
- scare → scaring / scared

점심을 먹으며 두 학생이 얘기를 나누고 있는 상황입니다.

01	A	나 잤어, 피곤한 상태로.
		우리 점심 먹으면서 얘기할까?
02	B	그래, 먹으면서 얘기하자.
		너 왜 피곤했어?
03	A	처음엔 내 숙제가 재밌었어.
		그래서 난 흥미 있었어.
		근데 숙제가 지루해졌어.
		그래서 나도 지루해지고 피곤해졌어.
04	B	왜 숙제가 처음엔 재밌었어?
05	A	숙제가 신선했거든.
		근데 내가 익숙해졌어.
06	B	우리 선생님이 되게 감동적이지 않아?
		나 어제 감동했어.
07	A	우리 선생님이 감동적이라고?
		선생님은 우리에게 강요했어.
		나는 강요당하기 싫어.
08	B	우리 모두는 강요당하길 원치 않지.
		하지만 우리가 스스로를 훈련하지 않으면,
		우리는 강요당하게 돼.

247

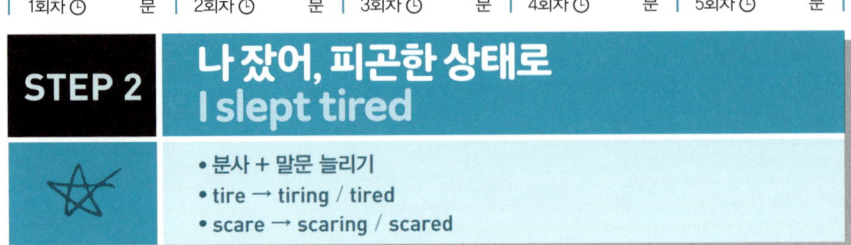

STEP 2 — 나 잤어, 피곤한 상태로 / I slept tired

- 분사 + 말문 늘리기
- tire → tiring / tired
- scare → scaring / scared

앞에서 영어로 말했다면 이제 확인해보세요.

01	A	I slept tired.
		Shall we talk having lunch?
02	B	OK, let's talk having lunch.
		Why were you tired?
03	A	At first, my homework was interesting.
		So I was interested.
		But it got boring.
		So I got bored and tired.
04	B	Why was your homework interesting at first?
05	A	Because it was fresh.
		But I got used to it soon.
06	B	Isn't our teacher so touching?
		I got so touched.
07	A	Did you say our teacher is touching?
		He forces us!
		I don't want to be forced.
08	B	We all don't want to be forced.
		But if we don't train ourselves,
		we will be forced.

POINT

- 역시 어렵게 배워서 한국인들이 많이 헷갈려 하는 부분인데요. 사실 되게 간단해요. 하나의 동사를 두 형태로 변형했어요. **abc**라는 동사가 있을 때 **abcing**, **abced** 식으로 **-ing**나 **-ed** 형태로 만들 수 있습니다. 이렇게 하면 동사 하나로 활용을 더 할 수 있죠. **-ing** 형태면 그 동사가 .ing 상태 (~하면서, ~해서 정도)인 거고 (현재분사), **-ed**형태면 되어진 상태 (과거분사)가 됩니다.

- 한 문장에는 동사가 하나만 와야 됩니다. '나 먹으면서 잤어'를 말할 때 **I slept and I was eating** 보다 **I slept eating**하면 더 간단해지죠.

영단어
학습에 대해

영단어 학습법에 대해 질문이 많아요. 한국인들은 단어를 외우기만 하고 사용을 안 해온 게 문제에요. '영어는 단어 암기 싸움입니다!! 단어만 많이 알아도 해결돼요.' 이런 말은 틀렸단 얘기입니다. 그동안 한국인들이 매달려온 부분인데 결과는 다들 알고 있지요?

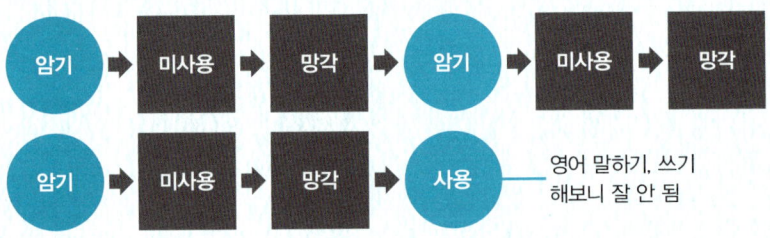

'아, 역시 부족한가 보다' 생각하고 다시,

다시 영어 공부를 하죠.

tradition 전통, 전설	patriotism 애국심	religion 종교
conscience 양심	intellect 지성	culture 교양, 문화

이런 식으로 영단어를 보고, 우리말 뜻을 외웠습니다. 목이 마르지 않았는데 물을 마신 꼴이에요. Needs(필요)가 없는 상태에서 자꾸 영단어만 입력하니 머리는 힘들어 하고, 사용은 계속 안 하고 이런 식이었죠. 이렇게 해보세요.

1 일단 아는 단어들 최대한 사용해서 말해보기
▶ 이 책에서 우리가 연습하고 있는 게 이거죠!
아는 단어들로 4변형, 영어 어순, 5구조를 자유로이 활용!

2 하다가 모르는 단어는 몸소 경험하기
▶ 어? 이 상황에 맞는 영단어는 뭐지? 하는 경험

3 사전을 찾아 학습하거나 실제 영어를 접하다가 적절한 단어를 찾기

4 궁금하던 상황이므로 그 단어를 알면 나중에 오래도록 기억하기
▶ ??가 있던 상황이므로 !!가 됨. 또한 찾고 있던 것이라 기억이 잘됨

예〉 나는 아침 7시에 일어난다.
→ I… morning… … 7… wake.

그리고 세수를 한다.
→ and… 세…수…(세수가 영어로 뭐지?) face?? … water face??

여기서 영어 실력의 한계를 경험하게 됩니다. 이 상태에서 계속 고민을 하다가 적절한 표현을 찾아내거나 검색하거나 질문해서 답을 알게 되면 (아!! wash my face구나!!) 잘 안 잊게 되죠. 이렇게 해서 한참 목마르다가 물을 마신 듯한 효과를 볼 수 있습니다.

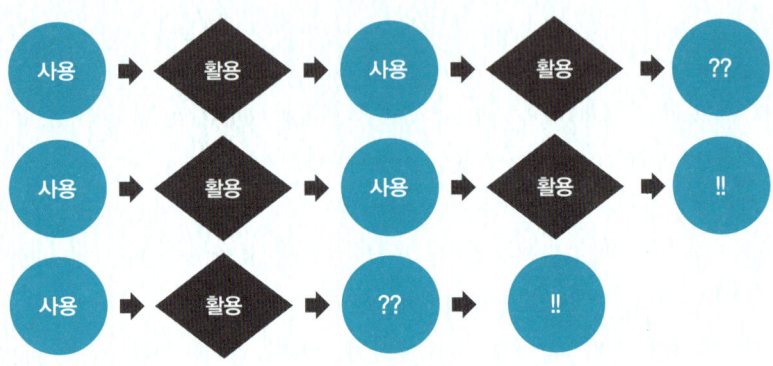

영어 공부는 이런 식이 돼야 합니다!

If you want the rainbow, you gotta put up with the rain.

무지개를 보고 싶으면, 비를 견뎌야 합니다.
(무엇인가 이루기 위해선, 견뎌내야 한다는 것)

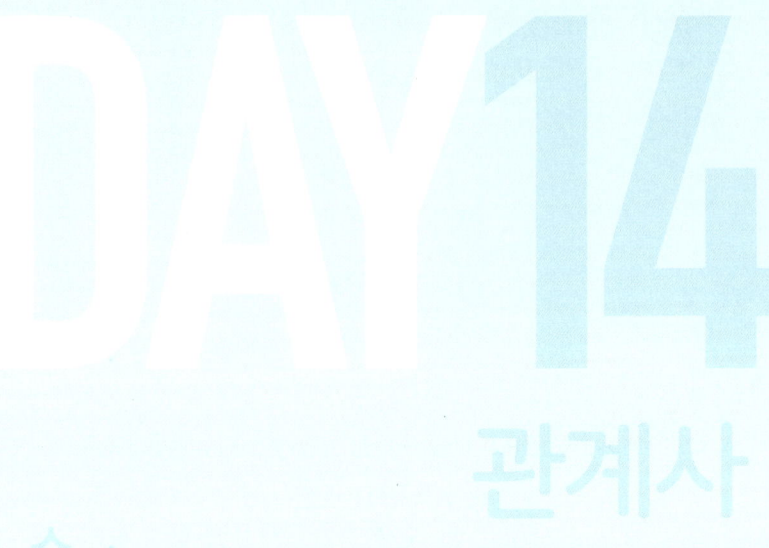

DAY 14
관계사

STEP 1 너는 책을 좋아하는 나를 좋아한다
You like me who like books

STEP 2 내가 좋아하는 날씨 The weather that I lik

STEP 3 이것이 내가 좋아하는 날씨야
This is the weather that I lik

STEP 4 이건 내가 원하는 거야 This is what I want

필수 꿀팁 사전 활용법과 기본 동사 익히기

| 1회차 ⏱ 　분 | 2회차 ⏱ 　분 | 3회차 ⏱ 　분 | 4회차 ⏱ 　분 | 5회차 ⏱ 　분 |

STEP 1   너는 책을 좋아하는 나를 좋아한다
You like me who like books

- 관계대명사
- 대명사와 접속사의 구실을 아울러 갖추고 있는 관계대명사

관계사를 너무 복잡하게 문법으로 파고들거나 한국어 어순으로 번역해서 공부해왔다면 어렵게 느껴질 거예요. 이 책을 통해 영어 어순대로 연습해왔다면 (기존에 관계사를 학습했건 안 했건) 관계사도 무작정 어렵지만은 않을 겁니다. 관계대명사는 관계를 이어주는 대명사라고 보면 됩니다. 한 명사에 다른 한 문장을 연결한 거예요. 두 문장을 한 문장으로 만드는 역할을 합니다. 두 가지 형태가 있어요.

> **A** 명사 + 관계대명사 + 주어 + 동사
> **B** 명사 + 관계대명사 + 동사 + 목적어

문법책에서 배울 땐 주격, 목적격 관계사에다 선행사니 뭐니 하는데 골치 아프죠. 평소에 쓰지도 않는 용어들은 제치자고요. 아래 문장으로 연습해봅시다.

> **1** 나는 책을 좋아한다.
> **2** 너는 나를 좋아한다.

1, **2** 두 문장을 **3** '**너는** 책을 좋아하는 나를 **좋아한다**.'로 만들 수 있죠?

위 **3**에서 기본 뼈대인, 주어 동사를 찾아보면 '**너는 책을 좋아하는 나를 좋아한다**.'로 정리할 수 있죠.

2의 문장에 **1** 문장이 변형되어 들어간 것을 볼 수 있어요.

1 '나는 책을 좋아한다.' 문장이 **1-2** '책을 좋아하는 나' 형태로 바뀌었죠. **1**은 문장인데 **1-2**는 문장이 아니에요. (문장의 기본 조건은 주어+동사입니다.) **1-2**에는 동사가 없지요. 이렇게 변형해서 다른 문장 안에 넣은 겁니다.

1-2 '책을 좋아하는 나'를 영어로 하려면 **일단 중요한 것! 어순부터 바꾸기!**

> 책 = book, 좋아하는 = like, 나 = I (me)

위 문장에서 단어는 어려운 게 없죠.

그런데 **1-2** 어순 그대로 영단어로 바꾸면 '**book like I**' 이런 모양이

> **1-2** '책을 좋아하는 나'를 영어 어순으로 배치하면
> **1-3** '나 좋아하는 책' 이렇게 됩니다.
> * '나 책을 좋아하는(한국어 어순)' 형태가 아닌 것에 유의!

나와요. '나는 너를 좋아해'를 어순 그대로 **'I You Like'**라고 안 하죠? 어순 때문에 '영어식 어순 작업'을 먼저 해줘야 합니다.

왜냐? 1-2 는 문장이 아니죠. 주어가 될 수 있는 명사가 나왔는데 동사가 없어요. 추가 설명이 붙었거든요. 이때 사용하는 게 관계사예요. 주로 쓰는 관계사는 **who**(사람), **which**(사물), **that**(사람, 사물)이 있습니다.

적용해보면,

> 1-3 나 좋아하는 책을
> 1-4 I (who 누구?) like books. = I who like books.

1-1 '나는 책을 좋아한다.'가 관계대명사를 써서 1-4 **I who like books** 형태로 명사형으로 바뀌었어요. 처음 보면 약간 어려울 수 있는데 우리말에서도 이미 비슷하게 쓰고 있어요. 영어 어순이랑 같이 이해하느라 익숙하지 않은 거예요. 연습하다 보면 다 할 수 있는 부분입니다. (쉽게 설명하느라 저도 힘듭니다. 하악하악)

1-4 **I who like books** 이걸 관계절이라고 불러요. 1-4 를 2 에 넣어봅시다.

> 2 너는 나를 좋아한다.
>   ▶ You like me.
> 1-2 You like me who like books.

1-4 I who like books에서 I가 me(목적격) 형태로 바뀌었습니다.
2-2 를 보면 문장이 길지만 결국 기본 뼈대(전 수업 때 뼈대라고 그냥 말해요)는
You like me who like books. 이렇죠.

> **2-2** **You like** me who like books.
> ▶ 형태에 들어간 관계사 형태가 짜잔!!!
>
> **B** 명사 + 관계대명사 + 동사 + 목적어입니다

목적어를 괄호 안에 넣은 이유는 목적어가 필요 없는 동사도 있어서예요. 말문 트기 비법 **3-1** 에서 배웠죠? 자동사는 목적어가 필요 없어요.

설명하다 보니 **B** 형태가 먼저 나왔네요.

그럼 **A** 명사+관계대명사+**주어**+**동사**를 해볼까요? 머리 아픈 분은 잠시 쉬고 봐도 돼요.

> **4** 그는 너를 좋아한다.
> **5** 너는 나를 좋아한다.

이걸 한 문장으로 6 '그가 좋아하는 너는 나를 좋아한다.'로 만들 수 있어요. 6의 뼈대는 '그가 좋아하는 **너는 나를 좋아한다.**' 문장 5예요. 5에 4가 관계사를 사용해서 문장 아닌 것으로 변신해서 들어간 거예요.

4 '그는 너를 좋아한다.'에서 '너'를 관계사라는 다리를 써서 모양을 바꿔 보면, 역시 어순부터!!

> 4-1 너 (누구?) 그가 좋아하는!
> ▶ 이제 영어로 해보면, 4-2 you (who?) He likes
> A 명사 + 관계사 + 주어 + 동사

4-2 를 5에 넣어봅시다.

> 2 너는 나를 좋아한다.
> ▶ You like me.
> 1-2 **You who he likes** like me. 짜잔!!
> A 명사 + 관계대명사 + 주어 + 동사

이렇게 되죠. 처음 보면 어색할 수 있어요. 특히 5-2 에선 **like**(동사)가 두 개나 있어서 '잘못된 기 아냐?' 생각할 수 있는데, 한국어인 6 '그가 좋아하는 너는 나를 좋아한다'에서도 '좋아한다'가 두 개가 있죠. 접속사를 사용해서 한 문장을 문장 아닌 것으로 만들었기 때문에 사실 동사는 **like** 하나입니다.

> 5-2 에서
> 뼈대(기본 주어+동사)는 You who he likes like me. 입니다.
> 관계사 부분은 You who he likes like me.

차근차근 봐보세요. 단어를 바꿔가며 연구해도 좋고요. 특히 이 관계사가 들어간 문장은 한국 어순으로 바꿔서 이해하려 하면 복잡해져요. 한번 당해보실래요? (그러니 영어는 그냥 영어로 이해하잔 얘기예요. 한국어로 '깔끔히 번역'하는 건 번역가들의 몫!!)

You	who	he	likes	like	me.
1 너	**2** (누구?)	**3** 그가	**4** 좋아하는	**5** 좋아한다	**6** 나
→ **3** 그가	**4** 그가	**1** 너는	**6** 나를	**5** 좋아한다	

영어 쓰는 사람들은 절대로 위 문장을 **3**-**4**-**1**-**6**-**5** 순서로 이해하지 않아요. 그냥 순서대로 갑니다. 여러분이 영문장을 독해할 때의 방법을 알려드릴게요!! 항상 영어는 주+동 순서잖아요?

> 5-2 You who he likes like me.

라는 문장이 있으면 주어를 보는 거예요. 맨 앞에 '**you**'가 나왔죠. 그럼 그 다음에 뭐가 나와야 하죠? '동사'입니다. 그런데 동사가 아닌 **who**가 나왔단 말예요? 그럼 '아, 뭔가 더 설명하는구나' 생각하면 돼요. 전 처음 관계사를 접했을 때 머릿속에서 이런 식으로 처리했어요.

You like me	뼈대 (주+동)
who he likes	관계사

위에서 먼저 한 **2-2** You like me who like books. 도 마찬가지예요.

You like me.	뼈대
who like books.	관계사

위와 같이 잠시 설명하는 다른 줄 **line**, 외부인(?)으로 인식하니 편하더라고요.

꼭 완전히 이해될 때까지 여러 번 읽어보세요. 자기가 스스로 만들 수 있어야 합니다. 그리고 꼭! 꼭! 원서를 읽어보면서 많이 접해보세요. 관계사 나올 때 이해 못했던 문장이 이해되는 경험을 꼭 해보기 바랍니다! 저도 진짜 신났었거든요! 중고등학교 때 공부 별로 안 하기도 했지만, 그땐 너무 복잡해 보였던 영문장이 이해되는 그 쾌감!! 핫핫핫!! 여기까지 봤으면 또 잠시 쉬어도 좋겠고요!! 다른 걸 설명할 거거든요.

뭐냐면 '관계대명사의 생략'이에요. 으아악!! 고생해서 배웠는데 뭘 또 없애냐고요? 편하자고 생략하는 건데요?☺ 문법책 같은 데엔 '주격, 목적격 관계대명사의 선행사가 어쩌고 저쩌면 생략…… 중얼중얼' 하는데 그런 얘기는 안할 거예요. 위에서 열심히 만든 두 문장을 봅시다.

261

> 2-2 You like me **who** like books. 관계사 B
> 5-2 You **who** he likes like me. 관계사 A

A 명사+관계대명사+**주어**+**동사**, B 명사+관계대명사+**동사**+**목적어**, 이 A 와 B 중 하나에서는 관계사를 생략할 수 있습니다. 문법 규칙을 외울 게 아니라, 우리가 직접 없애봅시다.

> 2-3 You like me like books.
> 5-3 You he likes like me.

어때요? 2-3 은 동사가 어떤 것인지 애매해졌습니다. 그에 비해 5-3 은 주어인 **you** 다음에 동사가 나와야 하는데 또 다른 명사가 나오면서 '아, 뭔가 설명하는구나'의 장치 역할을 하고 있어요. 동사가 나온 게 아니니 '아직 문장이 완성되지 않았구나' 알 수도 있고요.

> 5-3 You he likes like me.
> ▶ You   like me
>   he   likes 형태로 받아들일 수 있죠.

> **2-3** You like me like books. 경우엔,
> ▶ You　like me
> 　　　　　　like books.
> ▶ You　　　like books.
> 　　like me.

둘 중 어느 것의 형태인지 해석할 장치가 없어요. 그래서 **2-3** 형태로는 못 씁니다.

이렇게 돼서,

이런 식으로 규칙, 문법으로 정리되게 되는 거예요. 이 규칙만을 그냥 외우지 말자는 거죠. 이해를 해야지 실제로 써먹을 수 있으니까요. '관+주+동은 생략 가능'을 외우지 말고, 위 예문을 찬찬히 보고, 단어도 바꿔가며 실제로 응용해서 만들어보고 하면서 이해될 때까지 가지고 놀아보세요.

> **5-3** You he likes like me.
> ▶ **A** 명+관+주+동 의 형태에선 관계대명사를 생략할 수 있습니다.
> **2-3** You like me (who) like books.
> ▶ **B** 명+관+동+목 의 형태는 관계대명사를 없애면 안 됩니다.

원서에서도 실제로 많이 접해보고, 또 응용해서 만들어보고 하다보면 그냥 맞는 형태가 익숙해집니다. '나는 사과을 먹는다'라고 말하면 어색한 것처

263

럼요. 글로 정리하느라 어쩔 수 없이 약간의 명칭(이것, 저것, 무슨사 무슨사~)을 붙이게 되는데 직접 설명하면 이런 용어도 거의 다 빼버리고 이해할 수 있도록 설명 가능합니다.

여기까지가 기본적인 관계사 이해를 위한 설명이에요. 더 길게 하면 설명하느라 힘들고 따라오느라 힘드니 바로 또 실제 사용, 연습으로 가는 게 좋습니다.

| 1회차 ⓒ 분 | 2회차 ⓒ 분 | 3회차 ⓒ 분 | 4회차 ⓒ 분 | 5회차 ⓒ 분 |

STEP 2 내가 좋아하는 날씨
The weather that I like

- 관계대명사 + 말문 늘리기 I
- who : 사람 / which : 사물 / that : 사람 + 사물 모두 OK

바로 영어로 말하지 말고 **1** 한국어를 영어식 어순으로 바꾸고 **2** 그 한국어들을 영어로 바꾸는 게 나아요. **1**, **2**를 한 번에 하려다 꼬이는 경우가 많거든요.

명사 + 관계대명사 + 주어 + 동사
01 내가 좋아하는 날씨
02 그가 싫어하는 음식
03 너가 원하는 한 장소
04 너희들이 만들 수 없는 영화
05 그녀가 좋아하는 한 영화
06 내 고양이가 좋아하는 생선
07 우리가 먹을 수 있는 음식
08 우리가 갈 수 있는 곳
명사 + 관계대명사 + 동사 + 목적어
09 그녀를 사랑하는 한 남자
10 너를 싫어하는 고양이
11 빵을 굽는 어머니
12 그림을 그리는 한 여자
13 생선을 파는 한 가게
14 나를 좋아하는 그 여자
15 그를 안 좋아하는 한 미녀
16 숙제를 안 하는 학생

| 1회차 ⏱ 분 | 2회차 분 | 3회차 분 | 4회차 분 | 5회차 분 |

STEP 2   내가 좋아하는 날씨
The weather that I like

- 관계대명사 + 말문 늘리기 I
- who : 사람 / which : 사물 / that : 사람 + 사물 모두 OK

말로 하기 어려우면 적어봐도 돼요. 적고 나서 꼭 소리 내서 연습하세요.

	명사 + 관계대명사 + 주어 + 동사
01	The weather that I like
02	The food that he hates
03	A place that you want
04	The movie that you can't make
05	A movie that she likes
06	The fish that my cat likes
07	The food that we can eat
08	The place that we can go to
	명사 + 관계대명사 + 동사 + 목적어
09	A man who loves her
10	The cat that hates you
11	My mother who bakes
12	A girl who draws
13	A store that sells fish
14	The girl who likes me
15	A beauty who doesn't like him
16	A student who doesn't do his homework

POINT

- 드디어 관계사!! 이걸 익히면 말도 훨씬, 원서 읽기도 훨씬 잘 할 수 있어요!

- 앞에서 계~~~속 반복 설명해서 스스로 파악할 수도 있겠지만 예문 중 01~08번은 다 같은 형태고, 09~16번도 같은 형태입니다. 단어만 다른 거죠. ① '내가 좋아하는 날씨'는 영어로 말할 수 있는데 ② '그가 싫어하는 음식'은 영어로 말 못한다? 이러면 안 돼요. 그럴 수도 없고요. 단어 모르는 건 사전 찾아보면 돼요. 지금 중요한 것은 '영어 어순으로 잘 바꿀 수 있느냐' '단어 바꿀 능력, 연습이 됐는가'이니까요.

- 관계사는 아주 중요한 부분인 만큼 꼭 많은 연습을 해봐야 합니다. 여러 번 반복해서 소리 내어 연습하고, 원서에서 관계사가 쓰인 부분을 많이 접해보세요.

If you do what you've always done,
you'll get what you've always gotten.

당신은 당신이 해오던 것만 한다면,
당신은 항상 얻던 것만을 얻게 될 겁니다.

| 1회차 ⏱ 분 | 2회차 ⏱ 분 | 3회차 ⏱ 분 | 4회차 ⏱ 분 | 5회차 ⏱ 분 |

STEP 3 · 이것이 내가 좋아하는 날씨야
This is the weather that I like

- 관계대명사 + 말문 늘리기 II
- 명사 + 관계대명사 + 주어 + 동사 / 명사 + 관계대명사 + 동사 + 목적어

관계사가 들어간 관계절을 잘 만들 수 있으면 이제 문장에 넣어서 연습해봐야죠?

01	이것이 내가 좋아하는 날씨야.
02	너는 그가 싫어하는 음식을 좋아해?
03	우리 네가 원하는 한 장소에 가자.
04	너희들이 만들 수 없는 영화를 만들어봐.
05	나는 그녀가 좋아하는 한 영화를 볼 거야.
06	그가 내 고양이가 좋아하는 생선을 샀어?
07	너 우리가 먹을 수 있는 음식을 요리할 거야?
08	여기는 우리가 갈 수 있는 곳이 아냐.
09	그녀는 그녀를 사랑하는 한 남자를 찾고 있어.
10	난 너를 싫어하는 고양이가 미워.
11	내 아버지는 빵을 만드는 어머니를 사랑해.
12	너는 그림을 그리는 그 여자를 알아?
13	우리 생선을 파는 가게를 찾지 말자.
14	그녀는 나를 좋아하는 여자를 몰라.
15	그들은 사과를 좋아하는 미녀를 원할까?
16	선생님들은 숙제를 안 하는 학생을 원하지 않아.

STEP 3
이것이 내가 좋아하는 날씨야
This is the weather that I like

- 관계대명사 + 말문 늘리기 II
- 명사 + 관계대명사 + 주어 + 동사 / 명사 + 관계대명사 + 동사 + 목적어

문장이 아직 너무 어렵다면 Step 2를 더 복습하세요.

01	This is the weather that I like.
02	Do you like the food that he hates?
03	Let's go to a place that you want.
04	Make a movie that you can't make.
05	I will watch a movie that she likes.
06	Did he buy the fish that my cat likes?
07	Will you make the food that we can eat?
08	This is not a place that we can go to.
09	She is looking for a man who loves her.
10	I hate the cat that hates you.
11	My father loves mother who bakes.
12	Do you know the woman who draws?
13	Let's not find the store that sells fish.
14	She doesn't know the woman who likes me.
15	Do they want a beauty who likes an apple?
16	Teachers don't want students who don't do their homework.

POINT

- 관계사가 들어간 문장이 질문형(~는 ~예요?)이면 더 헷갈릴 거예요. 그럴 땐 먼저 기본형(~는 ~다)으로 만들어보고 다시 질문형으로 하나씩 바꿔보세요. 어순부터 바꿔보는 것 잊지 말고요. 익숙해지기 전에는 '너는 책을 좋아하는 나를 좋아한다' 이런 문장을 바로 영어로 말하려면 힘들어요. ① '어순 바꾸기'와 ② '영단어로 대체' 두 작업을 동시에 하려니 그렇거든요.

- 예를 들면,
  ① 이게 내가 원하는 가방이야
  ② 이게 가방이야 (어떤) 내가 원하는
  ③ **This is the bag which I want**

이런 순서대로 하자는 거죠. 초보자의 경우 바로 영어로 바꾸려다 꼬이는 경우를 많이 봐요. 알려드리고픈 것이 많지만 딱 하나만 더 드릴게요. 관계의문사라는 건데요. 역시 이름은 그냥 이름일 뿐, 너무 신경 쓰지 마세요.

**If we had to overcome every possible objection before we got started,
absolutely nothing would ever get accomplished!**

우리가 뭔가 시작하기 전에, 가능한 모든 장애물들을 극복해야 한다면
분명히 아무것도 성취하지 못할 거예요.

| 1회차 ⏱ 분 | 2회차 ⏱ 분 | 3회차 ⏱ 분 | 4회차 ⏱ 분 | 5회차 ⏱ 분 |

STEP 4 　이건 내가 원하는 거야
This is what I want

- 관계대명사 + 말문 늘리기Ⅲ
- what을 넣어 연습

Step 3 뒤에서 설명한 조금 다른 문장을 해볼게요. '이게 내가 원하는 것이야'를 영어로 말하려면? 먼저 어순 바꾸기! → '이게 것이야 (어떤) 내가 원하는' 이렇게 되지요. 여기서 '것이야'라는, 한국어로는 약간 애매한 게 생기는데요. 이게 '가방'인지 '물통'인지 무슨 명사를 지칭한 게 아니고 그냥 '것'이라고 했잖아요? 이런 경우 그냥 '어떤?'으로 what을 씁니다. → 'This is what I want.' '것'을 그냥 '어떤 것'으로 생각하면 편해요. 'a thing'으로요. 그냥 어떤 한 물건.

01	이건 내가 원하는 거야.
02	여기가 우리가 만난 장소예요.
03	네가 만날 여자가 누구야?
04	네가 본 영화가 뭐야?
05	저건 네가 원하는 게 아니야.
06	너 내가 말한 것 이해할 수 있어?
07	저 사람이 먹고 있는 것으로 주세요.
08	그가 말하고 싶은 것이 뭐야?
09	그들이 원하는 것이 뭐지?
10	이게 내가 널 좋아하는 이유야.

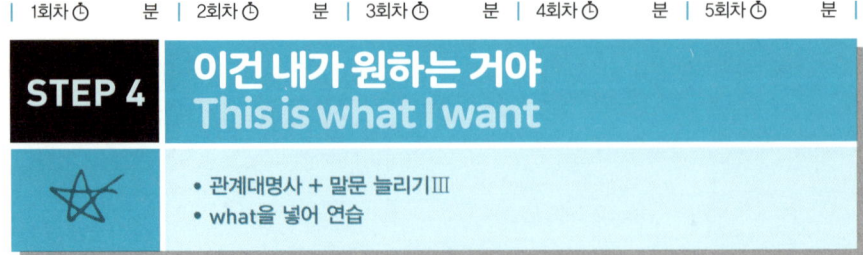

STEP 4 — 이건 내가 원하는 거야 / This is what I want

- 관계대명사 + 말문 늘리기 Ⅲ
- what을 넣어 연습

앞에서 말한 내용을 확인해봅시다.

01	This is what I want.
02	This is the place that we met.
03	Who is the girl that you will meet?
04	What is the movie that you watched?
05	That isn't what you want.
06	Can you understand what I told?
07	Give me what he is eating.
08	What is it that he wants to say?
09	What is it that they want?
10	This is why I like you.

POINT

- 01. 예를 들어 '여자들이 원하는 가방'을 영어로 하면? → 가방 (어떤?) 여자들이 원하는 ⇒ **The bag that women want** (women은 woman의 복수형). 그럼 '여자들이 원하는 것'을 영어로 하면? → 것 (어떤 것) 여자들이 원하는 ⇒ **what women want.**

- '왓 위민 원트'라는 영화가 있었죠. 여자들이 원하는 것은? 예쁜 가방이잖아요. 😊 궁극적으로는 '더 아름다워지는 것'이지만요. 논어에 보니 공자님이 제자들에게 '너네 예쁜 여자 좋아하지? 그 마음만큼 인(人)을 위해 노력하거라' 하시더라고요. 남자들은 예쁜 여자를 좋아하고, 여자들은 예뻐지기를 원하고, 그게 자연의 이치더라고요. 꿀벌과 꽃의 관계. 더 자세한 이야기는 다른 책에서 다루기로 하고. 다시 영어 얘기를 하자면, 적용해서 남자라면 예쁜 여자 좋아하는 만큼 자신이 원하는 것(여기선 영어)을 위해 노력하고 있는지, 여자라면 자신의 미모를 가꾸는 것만큼 또 자신이 원하는 것을 위해 노력하는지, 부족하다면 그것을 채울 방법은 무엇인지 생각해보면 좋을 거 같아요. 저도 저 비유를 통해 생각하니 '아, 내 노력이 부족하구나!' 느껴지더라고요.

- **The person who thinks a job is possible is the one who is going to get it done.** 관계사가 두 개 쓰인 문장입니다. 무슨 뜻인지는 여기에선 안 알려드릴게요. 충분히 간절한 분은 스스로 알아보겠죠?

사전 활용법과
기본 동사 익히기

　한영사전, 영한사전, 영영사전을 각각 특성에 맞게 활용하면 엄청난 무기가 돼요! '영한사전을 써라' '아니다, 영영사전을 써야 한다' 등 사전 활용에 대한 이런저런 주장이 있습니다. 영영사전을 주장하는 분들은 원래 영어를 어느 정도 했던 경우가 많고, 영한사전을 주장하는 경우에는 초보 입장에서 말하는 분들이 많습니다. 종합해보면 초보일 때는 영한사전을 사용하되, 영어 실력이 늘수록 영영사전을 사용하는 것이 좋겠죠. 지금부터 한영사전, 영한사전, 영영사전의 제대로 된 활용법을 알려드릴게요. 종이 사전이든 스마트폰 앱이든 올바르게 사용하면 가격 대비 수십 배 이상의 효과를 볼 수 있답니다. 한 언어와 다른 언어는 정확한 일대일 대응이 어렵다는 걸 고려하면서 시작해볼까요?

한영사전

　한영사전은 주로 특정한 의미를 나타내는 영어 표현을 알고 싶을 때 써요. 예를 들어 '나는 그들이 한국어를 배워야 한다고 주장합니다'라는 말을 영어로 하려면, 우선 '나는 주장한다 / 그들이 배워야 한다고 / 한국어를' 식으로 어순을 바꾸고, '주장한다'에 해당하는 단어를 찾아보는 거죠. 그러면 claim, insist 등의 단어가 나올 텐데, 각 단어의 예문을 보면서 표현하려는 뜻이나 상황에 가장 가까운 것을 사용하면 됩니다. 한편 '밥맛 떨어진다' '정이 많다'처럼 문화적 의미가 들어간 말들은 한영사전에서 표현이 나오더라도 참고만 하고, 실제 상황에 맞게 적절히 변형하는 게 낫습니다. 사전에 안 나오는 표현 역시 한국말을 변형하거나 그 상황에 맞는 말을 하면 됩니다.

영한사전

영한사전은 문장이나 단어에 있는 영단어 뜻을 모를 때 사용하죠? 우리말로 된 설명이 나오니 일단 부담이 덜 되고 '나 오늘 공부 좀 했다'는 느낌을 주지요. 하지만 한 가지 문제가 있는데, 역시 언어끼리 일대일 대응이 되지 않는다는 것입니다. 즉 영어를 영어 자체로 받아들이지 못하게 하는 주범이 되는 거죠. 자, 우리가 흔히 '보다'라고 알고 있는 다음의 세 단어를 살펴볼게요.

세 단어 모두 '보다'라는 뜻이 있지만 뉘앙스의 차이가 있습니다.

look	보다, 바라보다.
see	보다, 목격하다.
watch	보다, 지켜보다

그래서 그 뜻을 일일이 외우자니 힘들어지고, 항상 그 뜻이 되지 않는 경우도 많고요. 때문에 영어로 말을 할 때 의미에 차이가 생길 수 있

습니다. 또한 원서를 읽다 모르는 단어가 나와서 뜻을 찾아봤는데 여전히 이해가 안 되는 경우도 많고요. 그러다 보니 한 문장 안의 단어 뜻을 모두 찾아봐도 이상한 한국어 조합이 될 뿐, 문장 전체의 뜻이 파악되지 않는 겁니다. 그래서 영단어의 뜻을 한국어로 많이 알고 있어도 영어가 여전히 어려운 거죠. 따라서 영한사전은 영영사전을 활용할 실력을 만드는 과정에서 도움을 받는 정도로 생각하면 좋겠습니다. 즉, 영영사전을 봐도 무슨 말인지 감이 안 올 때 가끔씩 영한사전으로 도움을 받는 것이죠.

영영사전

영영사전은 『롱맨』, 『콜린스 코빌드』 등이 있는데 서점에서 직접 보고 본인에게 맞는 걸 선택하길 권장합니다. 참고로 저는 『콜린스 코빌드』를 좋아하는데, 설명이 짧고 명확하거든요. 처음에 영영사전 펼쳐보자마자 좌절했던 기억, 그리고 수년 뒤 영영사전의 설명이 이해가 되어서 몇 년간 이해되지 않았던 단어의 뉘앙스가 머리에 딱! 들어왔을 때의 감동이 아직도 생각나네요. 만약에 '밥을 먹으며 TV를 보다'라고 할 때 '보다'에 해당하는 단어로 어떤 것을 써야 할까요? 또한 TV를 사려고 매장에 가서 '저 TV 좀 봐'라고 할 때는 어떤 단어를 써야 할까요? 아까 제가 look, see, watch가 '보다'라는 뜻을 지니고 있지만 각기 뉘앙스가 다르다고 했었죠? 영영사전을 보면 그 차이를 좀 더 확실하게 알 수 있어요.

위의 각 단어를 설명하는 문장을 보고 바로 이해가 된다면 영영사

- look : direct your eyes in that direction
- see : you notice it using your eyes
- watch : you look at them, for a period of time

전을 사용하면 됩니다. 각 의미의 차이가 깔끔하게 정리되니까요. 아직 아니라면 제가 영한사전 식으로 설명해볼게요.

- look : direct your eyes in that direction
  향하다 / 너의 눈을 / 그쪽 방향으로
  ▶ 무언가 보려고 시선이 확 돌아가는 느낌

- see : you notice it using your eyes
  너는 / 알아차리다 / 무엇인가 / 너의 눈을 사용해서
  ▶ '저 큰 산이 보여?'처럼 눈에 뭔가 보이는 느낌

- watch : you look at them, for a period of time
  향하다 / 너의 눈을 / 그쪽 방향으로
  ▶ 눈길을 어디로 향한 채 계속 거기에 두는 느낌, 즉 지켜보다 관찰하는 느낌

따라서 '밥을 먹으며 TV를 보다'라고 할 때의 '보다'는 watch를 씁니다. 또한 TV를 사려고 매장에 가서 '저 TV 좀 봐'라고 말할 때는

look을 쓰는 것이 맞고요. 이처럼 한국어로 표현되는 하나의 뜻이 아닌, 정확한 뉘앙스를 알려면 영영사전을 사용하는 것이 좋습니다.

Tip | 말문을 늘리는 아주 간단한 방법-단어 바꾸기

이 책에서 수차례 강조하지만 'Shall we dance?'나 'Shall we kiss?' 'Shall we go?' 'Shall we run?'은 다 같은 형태입니다. 스스로 변형시킬 수 있어야 한다는 거예요. 이런 예는 너무나 많아요. 한국인들이면 'How are you?' 'What is your name?'은 대개 익숙할 텐데 저것들을 단순히 '안녕하세요' '이름이 뭐예요?'로 외워온 탓에 전혀 응용을 못하잖아요?

How are you? / How are they? / How are your cats? / How am I? / How is your father?는 사실 모두 같은 문장(더 정확히 말하면 같은 형태의 문장이)이죠. What is your name? / What is your car? / What is his phone? / What are your books? / What are your mistakes?도 마찬가지로 모두 같은 형태예요.

What is your name?을 말할 수 있으면 What are your books?도 말할 수 있어야 하는 거죠. 저도 '왜 영어를 해도 영어가 안 늘지?' 고민을 시작하고, 방법을 찾아보고 바꿔나가면서 익힌 방법이에요. 일대일로 외워선 답이 안 나옵니다. 유용한 문장 천 개 외우는 것도 너무 힘들고 바로바로 까먹고, 실제 상황에선 수시로 예측 못한 말들이 나

오고, 머리로 하는 헛노동입니다. 외우지 말고 응용해서 자꾸 써보세요. 이것도 머리를 쓰지만 할수록 점점 확실히 느는 방법이에요. 영문장을 하나 접하면 기본 형태에 맞게 단어를 바꿔서 써보란 얘기입니다. '단어 바꾸기' 정도로 이름 붙이면 되겠지요.

D-DAY

필수 꿀팁 내 생각을 영어로 말해보기
이게 진짜 패턴이다!

내 생각을 영어로 말해보기

책 맨 앞에서 봤던 예문이에요. 지금까지 열심히 연습해왔다면 몇 가지 세부 묘사 부분을 제외하곤 다 영어로 말할 수 있을 거예요. 한번 해볼까요?

> 나는 요즘 일찍 일어난다. 아침 7시에 일어나서 운동하고 달리기를 한다. 그리고 나는 아침을 먹은 뒤 일하러 간다. 나는 일하러 가는 지하철에서 책을 읽는다. 나는 걸어가면서 영어 말하기를 연습한다. 나는 회사에서 열심히 일한다. 나는 예전엔 친구와 잡담을 했다. 나는 1주일에 2번은 저녁을 혼자 먹는다. 왜냐면 내가 저녁을 먹으면서 생각할 수 있어서다. 난 1주일에 3번 영어를 연습하러 학원에 간다. 거기서 나는 새 친구들을 만났다. 그들도 열심히 책을 읽고 영어를 연습하는 중이다. 나는 꿈을 찾기 시작했다. 나는 많은 것들을 여기서 배웠다. 나는 더 행복해질 것이다. 그것이 내가 원하는 것이다.

직접 말해보세요. 말해본 뒤 적어보세요. 자신이 말한 것을 눈으로 확인할 수 있습니다.

위 예문을 영어로 말하기 위해 필요한 단어들입니다.

I	they	am	wake	seven
exercise	run	breakfast	work	to
read	book	speak	company	hard
before	friend	chat	week	twice
dinner	because	think	times	practice
new	dream	begin	look	many
learn	here	things	happy	will
be	about			

예시 답안

정해진 답(fixed answer)은 없습니다.

I wake up early these days. I exercise and run at 7 a.m. I have breakfast and go to work. I read books on the subway to work. I practice speaking English walking. I work hard in the office. I used to chat with my friend before. I have dinner alone twice a week. Because I can think having dinner. I go to Hakwon to practice English 3 times a week. I met new friends there. They are also reading and practicing English. I began looking for my dream. I learned a lot of things here. I will be happy more. It's what I want.

이게 진짜 패턴이다!

패턴 연습 1 (Tell someone to verb)

1 그에게 오라고 말해.	1 Tell him to come.
2 그에게 그의 숙제를 하라고 말해.	2 Tell him to do his homework.
3 그에게 늦게 잠들지 말라고 말해.	3 Tell him not to sleep late.
4 그에게 내 비밀을 말하지 말라고 말해.	4 Tell him not to tell my secret.

패턴 연습 2 (I want you to verb)

1 나는 네가 갔으면 해.	1 I want you to go.
2 나는 네가 나를 좋아했으면 해.	2 I want to like me.
3 너는 내가 가기를 원해?	3 Do you want me to go?
4 너는 내가 너를 좋아하기를 원해?	4 Do you want me to like you?

제가 처음으로 영어를 시작하면서 사용한 책은 '영어 패턴 몇 가지만 하면 된다!' 이런 거였어요. 그런데 4개월간 정말 열심히 외우고 연습했는데 정작 외국인 만나니 말 한마디도 안 되더라고요. 충격이 참 컸는데 덕분에 왜 그럴까 고민을 할 수 있었습니다. 제가 그 책을 통해 했던 건 단순히 문장 암기이지, 응용할 수 있는 능력이 아니었더라고요.

'I think you are pretty. / I think they would not come' 식으로 앞에 I think만 같고 그 뒤의 문장에 일정한 공통점이 없어서 무작정 외우는 식이 됩니다. 이래선 스스로 문장을 만들어내는 연습이 안 되죠. '패턴 영어'라는 이름이 중요한 것은 아니지만 굳이 사용하자면 위에서 연습한 방식이 진짜 사용 가능 패턴 영어라 말할 수 있습니다. 제가 감히 말씀드리건대 기존 영어 패턴 책, 강의법으론 영어를 열심히 해도 엄청나게 천천히 늡니다. 저도 경험했고, 영어를 열심히 학습한 분들을 많이 만나면서 내린 확실한 결론이에요. 여러분이 한국어를 배우는 외국인이라 생각하고 읽어보세요.

- 거기는 우리끼리 가기엔 너무 멀어.
- 이거는 우리끼리 먹기엔 너무 많아.
- 이건 우리끼리 처리하기엔 어려워.

이런 문장들엔 일정한 패턴이 나오죠. 이 문장의 구조가 잘 안보이고, 응용이 안 된다면 문장을 나누면 됩니다. '거기는 너무 멀어, 이거는 너무 많아, 이건 어려워' 이렇게요. 이게 중심 뼈대니까요. '거기는 우리끼리 가기엔 너무 멀어.'라는 문장은 '거기는 너무 멀어'라는 기본 뼈대에 '우리에게(우리끼리), 가기엔'라는 단어가 추가된 겁니다.

'거기는 우리끼리 가기엔 너무 멀어.'라는 문장의 구조가 보이면 이걸 바로 응용해보면서 말을 늘려나가면 됩니다. 그게 어렵다면 기본 뼈대만 빼내어 '거기는 너무 멀어'라는 문장을 가지고 각 단어 위치에서 단어만 바꾸어 말을 만들어보는 거죠.

'이거는 너무 쉬워' '그녀는 너무 예뻐' '그는 너무 똑똑해' 다 같은 모양이죠? 이런 식으로 외국어를 익히면 노력 대비 효과가 탁월해질 겁니다. 이제까지 우리는 너무 비효율적으로 언어를 익혀왔습니다.

'안녕하세요, 나는 누구입니다. 점심 먹었습니까? 만나서 반갑습니다.' 정도에 해당하는 외국어를 일일이 대응해서 외워온 거죠. '나는 누구입니다'를 배웠으면 '이것은 무엇입니다' '이것은 뜨겁습니다' '저것은 비쌉니다' 이런 식으로 응용을 하며 익히는 게 효율적이지 않을까요?

그냥 남들 하니까 당연하다 생각하고 하는 많은 것들이, 비상식적이고 이치에 맞지 않는 것들이 많습니다. '왜?' '어떻게?'라고 생각해보는 이런 사고방식이 인류의 발전에 보탬이 됩니다. ☺

> **어순 연습** (아래 문장에서도 영어식 어순은 똑같이 적용됩니다.)
>
> 1 **그에게 오라고 말해.**
>   - ▶ (너) 말해 / 그에게 / 오라고
>   - ▶ Tell / him / to come.
>
> 2 **나는 너가 나를 좋아했으면 해.**
>   - ▶ 나는 너가 나를 좋아하기를 원해. (영작할 수 있게 조금 변형)
>   - ▶ 나는 원해 / 널(너가) / 좋아하기를 / 나를
>   - ▶ I want / you / to like me.

영어 어순이 덜 잡혀있으면 쉬운 단어인데도 잘 안 나오는 형태예요. 바로 영어로 말이 안 나오는 경우엔, 우리말 단어로 어순부터 바꿔보는 연습을 충분히 하는 것이 좋아요. 물론 항상 입으로 소리 내서요!

Tip | 기초 문법의 자기화 (자동화)

한국 영어 교육은 운전 배운다고 면허 시험 문제집을 종류별로 암기하고 있는 꼴이에요. 물론 핸들, 액셀, 브레이크가 뭔지 등 운전을 위해 기본적으로 알 것들은 있어요. 면허 시험을 준비하면서 배우는 내용들인데 이론으로 공부할 땐 완전히 익혀지지 않다가 실제로 해보면서 '몸으로 익히는' 경우가 대부분이죠. 영어도 기본적으로 알아야 할 것들은 있습니다. 2020년 기준, 초3~초6 정도의 문법입니다. 그 이상은 필요 없습니다. 하려고만 하면, 기초 문법도 바로 실제 영어를 사용하면서 익힐 수도 있겠고요. 그래도 정리된 내용을 참고

로 기본기를 쌓는 게 낫지요. 운전 배우듯, 기본 문법을 익힐 수 있는 방법이 초5~중1 정도의 문법책의 예문들을 소리 내서 자꾸 읽는 거예요. <별표 학습법>에서 설명한 것처럼 20번 정도를 반복해서 소리 내어 읽으면 그냥 체화됩니다. 문제를 풀지 않아도 됩니다. (학습법책 100여권 읽어보고 정리한 방법입니다.)

'주어가 3인칭 단수일 땐 동사에 s가 붙는다' 이런 설명을 외우지 말고, 예문에 나와 있는 'You like me' 'She likes him' 'He gives a letter' 이걸 소리 내어 읽는 거예요. 쉬워 보이지만 막상 소리 내어 읽으면 '눈에는 익숙한데 혀에는 익숙하지 않단 걸' 경험할 거예요. 이 방법을 통해 다음과 같은 장점을 얻게 돼요.

1 영어로 소리 내어 발음할 기회가 주어지고,
2 눈으로만 본 영어에서, 직접 해보는 영어로 전환하고,
   (남이 운동하는 거 보는 거랑 직접 하는 것의 차이)
3 안다고 착각하던 것에서 빠져나올 수 있다.

마치며

책을 사고 끝까지 보는 경우가 20%가 안 된다 해요. 😊 처음부터 여기까지 다 읽어보시기만 했어도 일단 대단한 거죠. 하지만 이런 책은 그냥 보는 게 중요한 것이 아니라 내용대로 '해보는 것'이 중요하죠! 다시 강조하고픈 이 책의 활용법을 말씀드릴게요.

(_____에는 본인의 이름을 써보세요.)

1. 이 책은 _____을(를) 아끼는 정회일이 _____의 영어를 위해 열심히 영어 학습법을 연구한 것을 편지로 적은 겁니다. 책에 적혀 있는 단어 하나 하나 잘 읽어보시고 훈련해보세요.

2. 적혀 있는 학습법을 01 설명할 수 있을 때까지 반복해서 읽으세요. 02 책의 학습법을 설명할 수 있고, 책에 나오는 영어 문장들을 익숙하게 말할 수 있을 때, 이 책을 졸업하시면 됩니다.

3. 소리 내어 연기하듯 연습하는 감이 잘 안 오시면 영나한 까페에 오셔서 다른 훈련생들 예시를 참고해 보세요. 대략 70% 이상의 훈련자들은 자기가 소리를 잘 내고 있다 착각해요.

4. 책의 내용 중 이해가 안 되는 점이 있으시면 혼자 고민하지 마시고 출판사나 영나한 까페에 물어보세요.

5. 내용이 도움이 되셨다면 출판사나 제게 인사를 해주셔도 좋아

> 요. 책대로 해서 말문이 트여 신나신 분들은 더욱 그렇고요. 인사를 받으려는 게 아니에요. 감사를 표현함으로써 내가 더 나은 사람이 되더라고요. 이 책 외의 다른 책도 마찬가지예요. 책이 도움이 됐다면 그 저자에게 메일을 보내보세요! 놀라운 일이 생길 수 있어요. 답장이 안 오면? 일단 01 연락을 해봤다는 것이 중요한 경험이고요. 02 독자님도 모르는 사람이 말 건다고 무조건 답을 하진 않을 걸요? ☺

영어로 인생이 바뀌는 그날을 위해!